CORRESPONDANCE

DE J.-H. BERNARDIN

DE

SAINT-PIERRE.

IMPRIMERIE DE J. TASTU,
RUE DE VAUGIRARD, N. 36.

CORRESPONDANCE
DE J.-H. BERNARDIN
DE
SAINT-PIERRE,

PRÉCÉDÉE

D'UN SUPPLÉMENT AUX MÉMOIRES
DE SA VIE.

PAR L. AIMÉ MARTIN.

*

Tome Troisième.

A PARIS,
CHEZ LADVOCAT, LIBRAIRE
DE S. A. R. LE DUC DE CHARTRES,
AU PALAIS-ROYAL.

*

1826.

CORRESPONDANCE

DE

J.-H. BERNARDIN
DE SAINT-PIERRE.

✦✦✦✦✦✦✦✦✦✦✦✦✦✦✦✦✦✦✦✦✦✦✦✦✦✦✦✦✦✦✦✦✦✦✦✦✦✦

N° 163.

A MONSIEUR HENNIN.

Monsieur et ancien ami,

J'ai reçu une lettre fort honnête de M. Dufresne, en date du lundi gras. Il me mandait qu'il n'avait point perdu de vue ma pension de la marine, et que sans des circonstances particulières qui l'avaient retardée, j'en jouirais maintenant, du moins autant qu'il était en lui ; qu'il espérait que le mois de février ne se passerait pas sans de bonnes nouvelles à ce sujet.

Plus sensible à l'honnêteté de cette lettre qu'aux espérances qu'elle me donnait, j'ai fait une réponse convenable, et je l'ai portée moi-même le lendemain mardi après midi, dans l'intention de saluer M. Dufresne qui n'était pas chez lui.

Je présume que la circonstance qui a retardé l'effet des bons offices de M. Dufresne est la banqueroute de M. de Saint-James. Quoi qu'il en soit, je n'entends plus parler de rien. Je vous prie de ne pas perdre cette affaire de vue, puisque c'est vous qui l'avez acheminée au point où elle est. Renvoyez-moi aussi les vers que M. Thérèze a faits sur mon ouvrage, car je n'en ai point de copie, et je les trouve fort bien faits, quoique je ne mérite pas les éloges qui m'y sont donnés; mais je leur trouve le mérite rare de renfermer un aperçu de tout mon ouvrage.

Vous laissez donc passer le printemps sans m'envoyer des fleurs ? Quand vous ne mettriez dans une lettre qu'un peu de graines de pied-d'alouette que je n'ai pas, le beau bleu de cette fleur me rappellerait celui des yeux de madame Hennin.

Je sais que vous avez beaucoup d'occupations, tant par la mort de M. le comté de Vergennes que par la charge importante que vous remplissez dans l'assemblée des notables; mais aussi vous devez avoir beaucoup de personnes dont vous faites mouvoir les plumes.

J'ai regretté M. le comte de Vergennes qui aurait pu, ce me semble, faire les choses un peu mieux à mon égard; mais je n'ai considéré à sa mort que le ministre sage et laborieux; j'ai été étonné du grand nombre d'ennemis de sa mémoire qui se sont alors déclarés.

Vous remplissez, à mon gré, une fonction qui ne doit vous faire que des amis. Dieu bénisse le prince qui s'occupe de son peuple, et tous ceux qu'il a appelés à cette bonne œuvre :

Salus populi suprema lex esto.

Agréez les témoignages de l'ancienne amitié

et de la respectueuse considération, avec lesquels je suis pour la vie,

Monsieur et ancien ami,

Votre, etc.

De Saint-Pierre.

Paris, ce 4 mars 1787.

M. Robé me mande que l'Académie des Sciences a chargé un de ses membres de répondre à mes Études de la Nature. Si elle a gardé, dit-il, le silence jusqu'ici, c'est qu'elle n'a rien à répondre à l'erreur de ses astronomes que j'ai mise au plus grand jour. M. Robé à ce sujet se livre à sa gaieté naturelle et se propose de lever un drapeau pour ma défense. Ainsi voilà des partisans prêts à se déclarer. Il est bien certain que mon ouvrage s'en fait un grand nombre en Angleterre, à ce qu'assure un médecin anglais appelé M. Lée.

Donnez-moi, je vous prie, des nouvelles de votre santé. La mienne est passable, à un rhumatisme près sur le bras gauche, mais je trouve que le mal extérieur n'est rien auprès du mal intérieur. Je n'ai plus tant de sensibilité dans les nerfs depuis que le mal se porte au dehors.

N° 164.

✽

A MONSIEUR HENNIN.

Monsieur et ancien ami,

Je reçois une lettre de M. Dufresne qui m'annonce que le ministre de la marine a *refusé absolument* de m'accorder la grâce qu'il sollicitait. J'ai remercié M. Dufresne des marques particulières d'intérêt dont il adoucissait la dureté de ce refus non motivé, et de m'avoir délivré d'une fausse espérance. Vous savez avec quelle répugnance je m'y étais prêté, et que ce n'était que par condescendance pour vous, bien persuadé que ma conduite, mes services et mes études étaient bien plus propres à me faire des ennemis parmi les membres de ce corps despotique, qu'à m'obtenir des récompenses.

Je n'ai point fait de démarches auprès du nouveau ministre des affaires étrangères, et j'ignore si ma petite gratification de 500 livres subsiste toujours. Si on me l'ôte je suis résigné à la perte ainsi qu'aux autres bienfaits du Roi, qui n'ont point la sanction d'un brevet. J'en jouis conditionnellement, bien résolu désormais à ne pas perdre le peu de santé qui me reste, à courir après des illusions dont la poursuite vaine et inquiète a été la première origine de mes maux de nerfs.

La Providence me dédommage d'un autre côté. Le succès de mon ouvrage redouble, et je suis au moment, soit dit entre nous, d'en commencer une troisième édition. Je compte y ajouter des supplémens, quoique je n'en aie pas les fonds. Ma maison et son ameublement m'ont épuisé. De plus ma dépense annuelle avec celle de ma domestique est au moins triplée. Je ne m'inquiète plus de l'avenir, quoique je n'aie de revenu assuré que 40 livres de rentes produites par une action de 1,000 liv.

placée sur l'emprunt de 30 millions de la Ville. N'entends-je pas bien les affaires ?

Quoique vous soyez dans le tourbillon des affaires générales, vous me devez au moins des nouvelles de votre santé et de celle de madame Hennin, qui m'avait promis des fleurs. Vous devez aussi me renvoyer les vers que M. Thérèze a faits sur mes Études. Je ne vous les redemande pas par vanité, mais afin de conserver ce témoignage gratuit d'amitié de la part d'un inconnu qui fait très-bien les vers.

En voici un autre qui vient d'être publié en prose de la part d'une dame qui m'a obligé essentiellement et sans me connaître. C'est madame la marquise de Sillery, qui vient de lever un étendard contre les philosophes, et qui m'a donné une compagnie dans son régiment, je veux dire qui a fait un chapitre exprès pour parler de mon ouvrage dans celui qu'elle vient de publier, intitulé : *La Religion, base du bonheur*. Vous pouvez bien croire que j'ai été fort surpris des éloges qu'elle m'y donne, auxquels je ne m'attendais pas plus qu'à la pension de 800 livres qu'elle a engagé M. le duc d'Orléans à me donner. Cependant je n'ai à ce sujet qu'une simple lettre de son chancelier, sans brevet. Songez que vous me devez de vos nouvelles, et quoique placé sur le haut d'une montagne entourée d'orages, ne dédaignez pas de jeter de temps en temps les yeux dans la vallée où vous avez toujours un ancien ami.

Je suis avec une respectueuse considération,

Monsieur et ancien ami,

Votre, etc.

DE SAINT-PIERRE.

Paris, ce 25 mars 1787.

N° 165.

※

A MONSIEUR HENNIN.

Paris, ce 9 juin 1787.

Monsieur et ancien ami,

Je pense que je recevrai de vos nouvelles maintenant que vous êtes débarrassé de votre Assemblée des notables. J'ai aussi divers emplois qui m'ont empêché, sinon de vous écrire, au moins de vous aller voir comme c'était mon intention. Je suis jardinier et éditeur d'une troisième édition, soit dit entre nous, pour ne pas empêcher la deuxième de s'écouler. Ces occupations, jointes à celles de mon secrétaire, d'auteur, de commissionnaire, de décorateur de ma maison, ne me laissent pas un moment à disposer de moi. Joignez-y une santé toujours incertaine, mais qui cependant se raffermit, et pour dire la vérité un grand penchant pour la philosophie de Fénélon, le quiétisme, vous aurez une idée des liens et des poids qui me retiennent où je suis.

Il y aurait bien un moyen de satisfaire le désir que j'ai de vous voir : ce serait de vous attirer chez moi, vous qui êtes transporté où vous voulez avec les jambes d'autrui; ce serait de vous engager, lorsque vous viendrez voir le superbe Jardin du Roi, à accepter un mauvais dîner chez moi ; mais pour le présent je puis vous protester que je ne puis me donner cette satisfaction, vu l'état de ma cuisine et l'incapacité de ma cuisinière dans un quartier perdu. D'ailleurs, tant que je ne vivrai que de morceaux de pain bénit, je ne peux songer à fonder ma table. Je viens de recevoir une gratification de la marine de 400 livres à titre de secours, et j'en ai remercié par écrit M. Dufresne, car j'ai tenté inutilement deux fois de le voir à Paris. Je me doutais bien que c'était une suite de ses sollicitations, au sujet d'une pension. Il m'a répondu fort obligeamment qu'il ne tiendrait pas à lui que le ministre ne m'accordât cette même gratification l'année prochaine. Je vous en remercie comme étant le premier mobile de ce bon mouvement. Mais considérez que tous les bienfaits du Roi dont je jouis sont de cette nature, et qu'il n'en est aucun sur lequel je puisse compter pour l'année prochaine ; j'en excepte cependant les 500 livres que vous m'avez fait avoir sur les affaires étrangères, qui ont un peu plus de solidité, à ce que j'espère. En attendant on a quadruplé ma capitation, parce que je me suis avisé de faire blanchir mon ermitage et de mettre aux fenêtres quelques jalousies. J'en ai écrit à M. le prévôt des marchands qui m'a répondu obligeamment, mais sans rien décider. Si vous le connaissez, je vous prie de lui en dire deux mots. J'ai aussi écrit à M. le contrôleur-général, qui m'a fait la réponse la plus honnête, suivant son caractère particulier.

Je crains d'abuser de vos occupations ; donnez-moi seulement des nouvelles de votre santé et de madame, et agréez les assurances d'attachement et de la considération respectueuse avec lesquelles je suis,

Monsieur et ancien ami,

Votre, etc.

DE SAINT-PIERRE.

N° 166.

✳

A MONSIEUR HENNIN.

Monsieur et ancien ami,

Je ne crois pas que l'Assemblée des notables vous ait donné plus d'occupation que les feuilles de ma troisième édition, à moi. Enfin je commence à respirer et je désirerais prendre un jour qui vous soit commode pour vous aller voir à Versailles. Faites-moi donc l'amitié de m'en indiquer un ou plusieurs, afin que je puisse choisir aussi.

Je désirerais, s'il était possible, que ce fût un jour où je pusse voir et remercier les personnes qui m'ont rendu quelques services, tels que M. Dufresne.

Je compte être libre vers la fin de la semaine, non pas que mon édition soit finie, il s'en faut beaucoup; mais mon premier volume étant achevé, et le second au moment de l'être, j'ai chaque jour la moitié moins d'épreuves à corriger.

Ma santé va mieux, mais ma fortune empire. J'ai bien prévu que les bienfaits du Roi n'auraient pas de solidité. Je perds cette année 2,600 livres; c'est-à-dire à peu près ce que j'avais de meilleur : 1,000 livres sur les grâces accordées aux gens de lettres, qui devaient cette année m'être données en pension; 1,000 l. dont je jouissais depuis quatorze ans comme secours; 400 livres que j'avais fait obtenir à ma sœur, et 200 livres qui m'ont été retranchées de la gratification sur le *Mercure*[1].

N'ai-je donc pas bien mérité de ma patrie, et n'est-il pas temps que j'aie part aux grâces du prince d'une manière solide et honorable? Les contrefaçons m'ont enlevé la meilleure

---

[1] Bernardin de Saint-Pierre avait joui à peu près un an de la plupart de ces gratifications.

partie du bénéfice de mon livre, sans que j'aie pu en avoir justice que bien faiblement. On a saisi à Nancy quelques exemplaires de ces contrefaçons, et M. de Lamoignon en a ordonné la confiscation à mon profit, mais précédemment on en avait saisi une balle entière à Marseille, et elle y a été vendue au profit de la chambre syndicale de cette ville, c'est-à-dire au profit des contrefacteurs, injustice qui n'a peut-être pas d'exemple.

Tout doit-il être parmi nous le prix de l'intrigue? J'ai dirigé mes veilles, mes voyages, mes services au bien de ma patrie, et parvenu à un âge où j'ai besoin de repos, je n'ai rien d'assuré pour vivre. Le peu que j'ai est incertain et exposé à la mauvaise volonté de ceux dont j'ai attaqué les systèmes, et qui assiégent toutes les avenues qui mènent à la fortune.

Je viens de recevoir une lettre d'un nouveau supérieur de l'Ile-Bouchard, qui me mande que la tête de mon malheureux frère est plus exaltée que jamais, et qu'il est prêt à se décharger de sa garde, si je ne lui obtiens pas un ordre du ministre pour le resserrer plus étroitement. Je viens de faire passer cette lettre à M. le baron de Breteuil, en le priant de concilier à cet égard la justice et l'humanité.

Je le prie aussi de mettre plus de stabilité dans le sort de mon frère, qui semble être aujourd'hui à la discrétion d'un gardien qui ne demande qu'à s'en décharger. Ce religieux me demande de plus que je le fasse payer de la pension de mon frère sur le trésor royal. Tout cela est bien incertain, comme vous le voyez. Si vous avez occasion d'en parler à M. le baron de Breteuil ou à M. Robinet, je vous prie de m'appuyer de votre amitié, car vous pouvez juger quel serait le sort de cet infortuné capable des entreprises les plus téméraires, soit publiques, soit privées, si on lui rendait la liberté, ou s'il venait à me perdre, ou que M. le baron de Breteuil quittât cette partie de son département. D'un autre côté, on ne peut sévir envers un malheureux qui n'a pas l'usage de sa raison. Je mande à M. le baron de Breteuil que sans doute il saura bien contenir une tête exaltée dans un couvent de province, lui qui a maintenu l'ordre dans une ville émue par les intérêts les plus vifs au milieu des ardeurs de la saison la plus propre à faire fermenter les esprits.

Je suis en attendant de vos nouvelles, avec une respectueuse considération,

Monsieur et ancien ami,

Votre, etc.

De Saint-Pierre.

A Paris, ce 1er octobre 1787.

Rue de la Reine-Blanche, près la barrière du Jardin du Roi.

N° 167.

A MONSIEUR HENNIN.

Paris, ce 2 janvier 1788.

Monsieur et ancien ami,

Je vous crois fâché contre moi. Il y a deux mois je vous écrivis pour prendre votre jour pour vous aller voir, et vous ne m'avez pas répondu. Je n'irai point à Versailles au commencement de l'année, où il n'y a peut-être personne qui pense à moi, mais j'irai, s'il plaît à Dieu, quand mon quatrième volume sera imprimé, vous en porter un pour me rappeler à votre souvenir. Je suis surchargé d'écritures ; j'écris à M. Lambert et à deux personnes de ses bureaux pour réclamer ma portion des grâces du Roi, qui n'est plus, maintenant à la disposition de M. Mesnard. J'écris aussi à M. Dufresne qui m'a rendu service l'année passée à votre sollicitation. Je lui dois au moins une marque d'attention.

La fin de ma deuxième édition ne se vend plus, il en reste plus de 60 exemplaires ; le bruit de ma troisième édition s'est répandu de tous côtés. Il est cependant bien certain qu'elle ne contient exactement que la précédente, n'ayant mis d'addition que dans mon quatrième volume. C'est là que vous verrez de nouvelles preuves de l'allongement des pôles et un ensemble avec ma Théorie des marées qui vous frappera ; le reste est moral. Je ne vous en dirai pas davantage, car la même faiblesse de vue qui vous empêche de répondre à mes lettres, ne vous permet peut-être pas de les lire. Pour moi, mon ame est en peine quand quelqu'un m'a écrit et que je ne lui ai pas répondu.

Malgré votre silence, je ne vous en suis pas moins attaché. Agréez donc les vœux que je fais pour votre contentement et pour la prospérité de votre aimable famille.

Je suis avec un sincère attachement et une respectueuse considération,

Monsieur et ancien ami,

Votre, etc.

De Saint-Pierre.

N° 168.

✳

A MONSIEUR HENNIN.

Monsieur et ancien ami,

Quoique vous ne répondiez plus à mes lettres, je ne peux croire que vous m'ayez oublié. Pour moi, si je ne vais pas à Versailles, c'est par des raisons de santé, et parce que j'ai attendu l'impression de mon quatrième volume retardée encore pour quelques semaines. J'attends une réponse d'Angleterre à l'occasion d'une bouteille où était renfermée une lettre; laquelle bouteille a été jetée à la mer, dans la baie de Biscaye, repêchée sur les côtes de Normandie et rendue à son adresse en Angleterre; je veux dire la lettre. Or, ce moyen de communication nautique a été indiqué, si vous vous le rappelez, à la fin du troisième volume des Études de la Nature.

Pendant que la nature me fournit de nouvelles preuves sur ma théorie, la fortune vient troubler mon repos. Mon malheureux frère s'est évadé le 23 du mois dernier. On ne sait quel chemin il a pris. Jugez de mon inquiétude sur le sort d'un infortuné dont l'esprit est en désordre et qui est sans argent. J'ai envoyé la lettre du supérieur des cordeliers de l'Ile-Bouchart, qui m'a annoncé cette nouvelle dimanche dernier, à M. le baron de Breteuil, en le priant de donner des ordres pour la recherche de ce pauvre malheureux. C'est la deuxième fois qu'il s'échappe, et il y a quelques années qu'il s'évada de la maison de Saint-Venant où il avait été renfermé. J'ai prévu qu'il en serait de même cette fois, en ce que le supérieur m'écrivit, il y a quelques mois, qu'il ne répondait plus de son prisonnier, si les quartiers de sa pension n'étaient assignés en Touraine, et si on ne lui donnait toute autorité sur lui. Sur mes représentations, M. le baron de Breteuil acquiesça aux demandes du religieux, en lui recommandant de concilier les devoirs de charité et d'humanité avec les précautions nécessaires pour qu'il pût répondre de la liberté de son prisonnier. Mais je prévis, dès ce moment, qu'il s'en débarrasserait d'une manière ou d'autre. Je vous prie instamment de recommander le sort de mon frère à M. le baron de Breteuil et à M. Robinet. Vous trouverez souvent l'occasion de les voir et de leur parler; d'ailleurs votre amitié pour moi est une puissante recommandation. Je vous prie de recevoir les assurances de la mienne, que votre silence même ne peut refroidir, ainsi que de la respectueuse considération avec laquelle j'ai l'honneur d'être,

Monsieur et ancien ami,

Votre, etc.

De Saint-Pierre.

Paris, ce 6 février 1788.

N° 169.

✻

A MONSIEUR HENNIN.

Paris, ce 29 mars 1788.

Monsieur et ancien ami,

Je vous envoie le quatrième volume des *Études de la Nature*, que je n'ai pu faire relier non plus qu'aucun de tous ceux que j'ai donnés : 1° pour ne pas attendre des semaines entières après le relieur pour publier mon édition ; 2° parce que le relieur macule toujours les feuilles nouvellement tirées ; 3° parce qu'il n'aurait pu faire raccorder les dessins de la reliure de ce quatrieme volume avec ceux des trois précédens dont il ne se souvient plus.

Je vous prie de faire parvenir à leur adresse les exemplaires du même paquet dont j'ai affranchi le port. J'avais bien envie de les distribuer moi-même, mais le rôle que joue un auteur dans ces sortes de présentation est trop contraire à mon humeur. Je fuis les cérémonies, je n'ai pas renoncé pour cela au voyage de Versailles, et j'espère bien aller voir les personnes qui me conservent de la bienveillance, entre autres M. Dufresne auquel j'envoie un exemplaire de ma troisième édition qui est exactement la même que la précédente. Ce sera, s'il plaît à Dieu, sous quinze jours ou trois semaines. En attendant, j'écris à tous mes bienveillans soit à Paris, soit en province, ce qui à vue de pays est une affaire de plus de 4o lettres et de plus de 6o exemplaires tant complets qu'incomplets, c'est-à-dire d'un volume ou de quatre pour ceux à qui je n'en ai pas donné précédemment.

Vous jugez donc bien que quelque plaisir que j'aie à m'entretenir avec vous, je suis obligé de faire la présente courte; les simples enveloppes de mes 40 lettres étant déjà pour moi un grande occupation.

Je suis avec une amitié constante,

Monsieur et ancien ami,

Votre, etc.

De Saint-Pierre.

Ne me répondez point que vous n'ayez lu ou fait lire le quatrième volume, afin que je sache ce qu'on en pense dans votre pays.

Je crois être entré dans vos vues en envoyant un de ces exemplaires à monseigneur l'archevêque de Sens, et un autre à M. le contrôleur-général.

N.° 170.

✻

A MONSIEUR HENNIN.

Monsieur et ami,

Je reçois une lettre de M. de Laroche, premier commis des finances, qui réclame fort obligeamment 100 exemplaires de mon quatrième volume pour la souscription du Roi. Vous devez vous rappeler qu'à l'époque de ma première édition, plusieurs ministres souscrivirent : si le vôtre ainsi que celui de la marine sont dans la disposition d'avoir le quatrième volume, je vous prie de me le faire savoir incessamment, car il y a déjà de ce quatrième volume que je n'ai tiré qu'à deux mille, plus de la moitié de vendu.

Je vous prie donc d'en parler à M. Dufresne pour les cent exemplaires de la marine, à votre ministre pour ses vingt, et même à M. le baron de Breteuil pour ses six, qui par parenthèse ne m'a pas répondu, ainsi que vous. Dans le cas où les ministres réclameraient la suite de mes Études, comme je n'ai point reçu d'avance pour la souscription du quatrième volume, je ne le livrerais qu'au prix courant, ainsi que j'aurais dû faire d'ailleurs pour ma première édition, puisque les remises ne se font qu'aux libraires et non au Roi qui, en souscrivant, voulait me donner des marques de faveur et d'aide.

Répondez-moi, je vous prie, le plutôt possible. Je conçois que vous avez une multitude d'affaires sur les bras, mais je vous réponds que les lettres et les visites que m'attirent mes Études, m'ôtent le temps d'étudier et surtout celui de vous aller voir. Cependant je compte y aller incessamment, et ce serait une circonstance favorable pour présenter au ministre de la marine un exemplaire de mes *Études*, et même au vôtre, que de leur rappeler la souscription de leurs prédécesseurs et le quatrième volume qui en est la suite. M. Dufresne, à cette occasion, pourrait faire valoir au ministre de la marine mes anciens services pour m'en obtenir une pension.

Je laisse la chose entièrement aux soins de votre bonne amitié, et croyez que j'ai assez d'expérience de votre caractère pour le croire inaltérable. Votre silence peut quelquefois me faire de la peine, mais il ne m'inquiète pas. Agréez les assurances de mon sincère attachement et de la respectueuse considération avec laquelle j'ai l'honneur d'être,

Monsieur,

Votre, etc.

De Saint-Pierre.

Paris, ce 16 mai 1788.

Parmi les personnes que mon ouvrage m'attire, il m'est venu des hommes très-recommandables, entre autres M. le comte de Pylon, célèbre par ses malheurs, un Anglais de beaucoup de mérite, appelé M. Pigot; qui veut former en Amérique une école de pythagoriciens, etc.

J'ai fait une espèce de vœu de n'aller à Versailles que pour remercier et non pour demander.

N° 171.

A MONSIEUR HENNIN.

Paris, ce 5 juin 1788.

Monsieur et ancien ami,

Voici la réponse de M. Gandolfe. La souscription du Roi, comme vous voyez, n'a pas tourné tout-à-fait à mon profit; la même chose m'arriva la première fois, mais de mon agrément, ayant eu la simplicité de faire une remise au Roi pareille à celle qu'on fait aux libraires, ce qui est contre tout usage. Cette fois, cela m'a fait sur 70 livres une diminution de 11 livres. Je serais fâché qu'il en fût de même de la souscription de la marine, et que les bureaux se fussent adressés à quelque libraire pour lui procurer un bénéfice à mes dépens. J'ai écrit, suivant votre conseil, à M. le comte de la Luzerne et j'attends sa réponse. Au reste, je ne vous parle de ces bagatelles que par amour de la justice et de l'ordre, car mon intérêt, au bout du compte, y est peu lésé; le bénéfice total ne va pas à 200 francs, sur quoi la remise à mes libraires, pour la vente au public, est d'environ 20 écus, et pour que ces paiemens aient lieu, il faut autant d'écritures dans les bureaux que pour une somme considérable.

Ne perdez pas cependant de vue la souscription de la marine, d'autant que c'est une occasion de rappeler mes services au ministre de la marine, et de m'en obtenir une pension.

Je suis arrivé lundi dernier sur les sept heures et demie à Ruel, étant parti de Versailles à cinq heures du matin. J'ai fait le voyage le plus agréable du monde par des solitudes enchantées, entre autres par les bois de la Selle où il y a des peupliers qui vont aux nues, et de vieux châtaigniers sur des côteaux du temps du déluge. Tous les oiseaux des environs s'y étaient donné rendez-vous, et j'ai cru de bonne foi distinguer au milieu de leurs concerts la voix de mon serin qui s'est échappé de sa cage il y a huit jours.

Votre itinéraire m'a parfaitement bien guidé; on m'a comblé d'amitiés à la Malmaison où j'ai trouvé une personne de votre connaissance à Genève, M. de Mondion, à peine guéri de l'opération de la cataracte. Le parc est plein de beautés naturelles dont il est redevable en partie à un petit ruisseau d'eau courante. Mais je crois que vous connaissiez cet agréable lieu avant moi. Je suis revenu le soir même coucher à Paris où madame de Verclive m'a ramené. Ainsi ces deux jours m'ont procuré une vacance pleine d'agrémens, parmi lesquels je dois compter particulièrement ceux de votre société et de vos aimables amis. Je vous prie de me rappeler à leur souvenir, et avant tout, à celui de madame votre épouse, en lui rappelant qu'elle m'a promis de venir voir mon ermitage.

Agréez les assurances de ma sincère amitié

et de la parfaite considération avec laquelle je suis pour la vie,

Monsieur et ancien ami,

Votre, etc.

DE SAINT-PIERRE.

N° 172.

A MONSIEUR HENNIN.

Monsieur et ancien ami,

Je viens de récrire à M. le comte de la Luzerne pour savoir où je dois toucher l'argent des cent volumes de mes Études qu'il m'a mandé de faire remettre chez M. le marquis de Chabert, lequel est absent. J'ai profité de cette occasion pour remercier le ministre de sa lettre pleine de bienveillance, et pour lui toucher quelque chose des espérances de pension qu'on m'a long-temps données dans son département : je crois qu'un mot de votre part ferait le meilleur effet dans cette circonstance, ainsi que j'en ai fait l'épreuve dans plusieurs affaires, encore qu'elles ne fussent pas de votre département. Dans la confiance que j'ai dans votre crédit, et surtout dans notre ancienne et bonne amitié, je requiers vos bons offices, par le conseil même de M. Mesnard, au sujet d'une lettre qui m'a été écrite par le Père Lanier, supérieur des cordeliers de l'Ile-Bouchard en Touraine. Voici de quoi il s'agit :

J'ai engagé M. Mesnard, dans son dernier voyage de Touraine, à faire parvenir au Père Lanier un exemplaire de ma troisième édition des Études de la Nature pour le remercier des soins qu'il prend de mon frère. J'ai prié en même temps M. Mesnard de recommander, à cette occasion, mon frère aux bons offices de ce religieux. Celui-ci, dans sa réponse à M. Mesnard, ainsi que dans la mienne, désire d'abord que nous nous concertions pour faire parvenir à mon frère des chemises de toile fine garnies de belle mousseline, qu'ensuite M. Mesnard lui écrive comme de la part du baron de Breteuil, qu'il n'entend pas qu'il passe l'enceinte de la maison pour aller se promener, qu'il aille prendre les bains de rivière, de peur qu'il ne s'évade; qu'il a donné les ordres les plus précis pour le faire arrêter et le punir si cela arrivait une seconde fois, et qu'il ne veut point changer son lieu d'exil. Au reste, vous jugerez des demandes de ce religieux par sa lettre même ci-jointe.

M. Mesnard m'a dit que dans celle qu'il en a reçue, il lui parle d'envoyer à mon frère des chemises de toile de Hollande, ce qu'il juge avec raison fort peu convenable à l'état de sa fortune et fort inutile à ses besoins. Il a 230 livres pour son entretien dans un pays où tout est à moitié meilleur marché qu'ici. Si mon frère avait besoin de chemises simples et garnies à l'ordinaire, je l'en aiderais de bon cœur, mais je ne veux contribuer en rien à nourrir cet esprit de vanité qui le promène d'illusions en illusions. Je désirerais donc que M. le baron de Breteuil eût la charité de se prêter aux moyens propres à contenir l'esprit de cet infortuné dans les bornes que prescrit son gardien ; et que de plus, il enjoignît à celui-ci, en particulier, de lui mander s'il aperçoit que l'esprit de mon frère rentre dans son assiette et n'en sorte plus, afin, s'il est possible, de le faire rentrer dans la société pour laquelle ce religieux prétend qu'il est un homme accompli; bien entendu cependant que mon frère se trouverait disposé à se livrer à quelque occupation utile et non à vivre, sans rien faire, aux dépens de ma famille, ou de qui il appartiendrait, comme il a fait par le passé, ne voulant absolument rien faire s'il n'avait quelque état de 20 à 30,000 livres de rente. Vous jugez où une pareille disposition d'esprit peut mener un homme qui n'a pas un sou de revenu, aucun talent, et dont la famille, comme vous le savez, ne subsiste en bonne partie que par les secours du Roi que la Providence m'a ménagés annuellement par le crédit de mes amis, et particulièrement par le vôtre.

Donnez-moi encore, à cette occasion, des marques de votre amitié accoutumée; et recevez les assurances de celle avec laquelle je suis pour la vie,

 Monsieur et ami,

  Votre, etc.

   DE SAINT-PIERRE.

Paris, ce 3 juillet 1788.

L'Année littéraire a rendu compte de mon quatrième volume.

N° 173.

✳

A MONSIEUR HENNIN.

Monsieur et ancien ami,

J'ai attendu le moment où mon édition in-18 avec figures de Paul et Virginie serait prête, pour vous en envoyer un exemplaire et vous renouveler tous les vœux de notre ancienne amitié. J'y ai joint un semblable exemplaire pour M. de Laroche, premier commis des finances, qui m'a rendu service, et je vous prie de le lui faire parvenir le plutôt possible. Je vous prie d'excuser la brièveté de la présente par le nombre considérable de billets et de lettres d'envoi que je suis obligé de faire à l'occasion de mes présens. Agréez donc mes vœux pour votre prospérité et celle de tout ce qui vous appartient. Je suis avec un sincère attachement et une respectueuse considération,

Monsieur et ancien ami,

Votre, etc.

DE SAINT-PIERRE.

Paris, ce 20 janvier 1789.

Je vous prie de m'accuser réception de mes exemplaires.

N° 174.

※

A MONSIEUR HENNIN.

Monsieur et ancien ami,

J'étais si pressé la dernière fois que je ne pus que vous mander deux mots en vous envoyant deux exemplaires papier vélin avec figures de mon édition in-18 de Paul et Virginie, dont un pour M. de Laroche, premier commis des finances. Je n'ai point reçu de réponse à l'occasion de ces deux exemplaires que j'ai envoyés par la messagerie de Versailles à votre adresse, il y a déjà plus de huit jours. Donnez-m'en, je vous prie, des nouvelles ainsi que de celles de votre santé.

La mienne n'est pas des meilleures ; j'ai eu une fluxion sur les dents qui m'a obligé de garder la chambre cinq jours; ensuite un gros rhume sur la poitrine qui me fatigue beaucoup.

J'ai écrit et j'ai fait une visite à M. Dufresne pour lui recommander la gratification annuelle que j'ai dans le département des finances, ainsi que celle de ma sœur; il m'a répondu que je devais m'adresser directement à M. Necker, et qu'il était persuadé que ma demande ne souffrirait pas de difficulté. J'ai donc écrit à M. Necker une lettre polie, respectueuse, mais sans bassesse et sans flatterie. Je n'en ai point reçu de réponse. Ce silence ne m'inquiète que pour ma sœur. Pour moi, il me suffit d'avoir agi dans les circonstances les plus essentielles de ma vie, honnêtement, simplement et sans intrigue; ma conscience me dédommagera toujours de la fortune. Je joins encore à ce sentiment celui de l'estime de mes amis à la tête desquels je vous mets, parce que vous en êtes le plus ancien, et celui qui m'avez obligé sans aucun intérêt de parti ni de renommée.

Donnez-moi donc de vos nouvelles et des

assurances que le témoignage de mon souvenir que je vous ai donné par l'envoi de Paul et Virginie avec ses jolies gravures, vous a été agréable.

Je suis avec un attachement constant et une respectueuse considération,

Monsieur et ancien ami,

Votre, etc.

De Saint-Pierre.

Paris, ce 28 janvier 1789.

Mes respects à madame Hennin. Je suis accablé d'écritures. Je compte aller vous voir aux premiers jours du printemps, qui sera, je crois, précoce cette année.

N° 175.

※

A MONSIEUR HENNIN.

Monsieur et ancien ami,

Les gratifications annuelles dont je jouissais, ainsi que ma sœur, viennent d'être changées en pensions de 400 livres et de 1,200 livres, sans retenue, sur le trésor royal. Elles sont motivées sur mes anciens services d'ingénieur de la marine. M. Dufresne, votre ami, vient de m'en expédier les brevets avec tout le zèle et la bonne grâce avec lesquels il a cherché, conjointement avec vous, à m'obtenir ces bienfaits de la marine même. A cette occasion, il me parla de vous il y a deux mois comme un homme qui vous est sincèrement attaché; cependant il ne voulut jamais convenir que dans cette circonstance il m'eût servi en rien, mais me protesta que M. Necker avait agi de son propre mouvement. J'irai voir M. Dufresne ces jours-ci pour le remercier au moins de la manière honnête dont il m'a expédié les brevets de mes pensions, en y joignant un bon de 1,600 livres sur le trésor royal pour l'année écoulée, la pension de ma sœur et la mienne commençant au 1er mars de cette année, et tout cela sans aucune démarche ni sollicitation de ma part.

Je compte vous aller voir au commencement de mai, pour jouir du renouvellement de l'année, de notre ancienne amitié et de la constitution de la France qu'on attend des états-généraux. Après ces magnifiques et touchans spectacles, je m'en retournerai à pied par les bois solitaires de la Selle : c'est un paysage digne du Poussin. La Providence m'a ménagé partout des amis, de manière que je pourrais aller jusqu'à Londres sans être obligé de m'arrêter dans une auberge.

« En attendant que je puisse vous embrasser,

donnez-moi quelques nouvelles de votre santé. Je ne doute pas que vous ne soyez surchargé d'écritures, mais je vous prie de croire que j'en suis pareillement accablé et que je n'ai pas d'aides.

Agréez les assurances du sincère attachement avec lequel je suis pour la vie,

Monsieur et ancien ami,

Votre, etc.

DE SAINT-PIERRE.

Paris, ce 17 avril 1789.

N° 176.

A MONSIEUR HENNIN.

Monsieur et ancien ami,

Je n'ai que le temps de me rappeler à votre souvenir, au milieu des nombreux envois que je suis obligé de faire des *Vœux d'un Solitaire*. Vous me ferez le plaisir de me mander l'effet qu'ils auront produit sur vous et sur les membres de l'assemblée qui auront le loisir de s'en occuper. Vous me donnerez en même temps des nouvelles de votre santé. J'aurais été en chercher moi-même, si la mienne qui n'est pas trop bonne, et mes écritures en tout genre ne m'en eussent empêché. Au milieu des calamités publiques, j'en ai éprouvé de particulières. Mon frère infortuné, dans un accès de démence, la nuit du 23 août, s'est coupé la main avec un rasoir; on l'a trouvé le matin baigné dans son sang et sa main gauche était sur la table. Il s'était déterminé à cette affreuse mutilation, pour laisser à madame la princesse d'Orléans dont il est épris, un témoignage de son amour, et il était résolu d'ailleurs de ne pas survivre à la prise de la Bastille.

Son gardien m'a mandé qu'il était hors de danger. Je lui ai envoyé quelques secours pour subvenir aux fantaisies innocentes de son pensionnaire que je recommande à la pitié du ciel et des hommes.

Recevez les témoignages de notre ancienne amitié et les assurances de la parfaite considération avec laquelle je suis constamment,

Votre, etc.

De Saint-Pierre.

Paris, ce 20 septembre 1789.

N° 177.

BILLET.

Je prie M. Hennin de recevoir cet exemplaire papier vélin de la *Chaumière indienne* comme un témoignage de notre ancienne amitié.

De Saint-Pierre.

Paris, ce 1er janvier 1791.

Mes respects à madame Hennin.

LETTRE A MON FRÈRE[1]

Je vais essayer, mon frère, s'il m'est possible, de vous donner des conseils qui vous plaisent et des consolations qui ne vous affligent pas. Je remonterai à la source de vos maux.

Dans votre passage de Charlestown à Saint-Domingue, pour échapper aux corsaires anglais qui infestaient les mers de la Floride, vous avez fait une lettre adressée au gouverneur de la Jamaïque, où vous lui proposiez de livrer au roi d'Angleterre la Géorgie au service de laquelle vous étiez. Cette ruse hardie, digne

---

[1] Cette lettre fut envoyée à Dutailly pendant sa détention à la Bastille.

de l'ancien Ulysse, vous a servi à échapper à un corsaire de Tortone et aux prisons cruelles de Saint-Augustin ; mais par un échange fatal elle vous a fait tomber dans les mains du gouverneur de Saint-Domingue et dans les prisons de la Bastille.

Il est triste, sans doute, d'être enveloppé dans le même filet dont on a lié son ennemi et d'être puni par sa patrie d'un moyen imaginé pour se conserver à ses alliés ; mais vous devez vous tranquilliser par le témoignage de votre conscience et par votre confiance dans la sagacité et l'équité du ministre de la marine. Quoique les preuves positives de l'innocence de votre stratagème soient maintenant hors de votre portée, il sort du fond de votre accusation même des preuves négatives si lumineuses qu'elles éclaireront tôt ou tard l'esprit impartial de votre juge. Telles sont celles d'être accusé d'une grande conjuration sans qu'on vous oppose aucun conjuré ; qu'un gouverneur éloigné vous accuse d'en être l'agent, tandis que les Américains, que la chose intéresse, gardent le silence ; que ce soit un Anglais qui vous ait dénoncé à votre patrie, et, ce qui passe enfin toute croyance, que cet Anglais, cet officier de la marine royale anglaise, vous ait accusé auprès d'un gouverneur français d'avoir formé un projet utile à l'Angleterre.

Sa seule dénonciation vous justifie, et prouve, comme vous l'avez dit, que vous lui aviez communiqué ce projet simulé, en le priant d'y joindre une lettre d'amitié, comme un moyen d'échapper aux corsaires de sa nation, sans réfléchir que cet Anglais, prisonnier de guerre lui-même parmi nous, devait être au désespoir d'avoir succombé aux armes de la nôtre.

Le jour viendra où votre innocence et vos malheurs feront impression. Ne vous chagrinez donc point de la perte momentanée de votre état. La bonté et la puissance du Roi sauront bien vous en dédommager quand il en sera temps. Songez que si vous n'étiez pas à la Bastille vous seriez dans les prisons de Saint-Augustin. Quelle différence de leur traitement barbare, à l'aisance de celle où vous vivez, aux attentions bienfaisantes des officiers qui y commandent et enfin à l'équité des ministres du Roi! Songez que vous êtes dans un lieu où vous avez la liberté d'écrire, de recevoir des visites, de dire vos raisons, de détruire les objections faites contre votre devoir et contre votre honneur. Vos maux ne vous attaquent que de front et en plein jour. Il en est de plus dangereux dont la prospérité même ne vous défendrait pas. Ce ne sont pas les accusés au Conseil-d'État du Roi qui sont à plaindre, mais ceux dont la calomnie instruit secrètement le procès et qu'elle juge sans tribunal. Supportez donc vos maux avec patience, mon frère; qui ne sait pas souffrir ne sait pas vivre.

En attendant qu'on vous rende justice, occupez-vous. Le travail est un don du ciel, il bannit l'inquiétude, fixe nos idées et apporte toujours à sa suite quelques heureux fruits. Tout est bon pour s'occuper, consultez seulement votre inclination; on fait toujours bien ce qu'on fait avec plaisir. Amusez-vous à réformer votre écriture, à vous rappeler le latin, ou à apprendre quelque langue étrangère. Cultivez le dessin. J'ai vu autrefois de vous une carte joliment dessinée. Ces exercices pourront un jour vous être utiles. Les petits talens servent plus à la fortune que les grandes vertus.

Si vous voulez les étendre à votre patrie,

représentez sur le papier ces grands mornes de Saint-Domingue hérissés de pitons, entrecoupés d'affreuses ravines, ces marais où croissent des roseaux grands comme des arbres, ces paysages américains inconnus à nos artistes; amusez-vous à les fortifier et à les défendre avec peu de monde. Faites un roman militaire, ceux de la morale ont quelquefois servi à réformer de grandes sociétés.

Si le crayon se refuse à votre imagination, prenez la plume; le tableau présenté à l'ame est encore supérieur à celui qui ne parle qu'aux yeux. On admirera toujours les vivantes et immortelles peintures d'Homère et de Virgile. Dans le lieu où vous êtes, Voltaire fit une partie de la Henriade.

Ce n'est pas que je vous conseille de faire des vers si vous n'en avez pas le talent. Pour bien user de sa force, il faut connaître sa faiblesse. Il suffit de rendre la nature en prose pour être sûr de plaire. Voyez comme Xénophon intéresse quand il décrit son passage à travers les âpres montagnes des Caduziens couvertes de neiges; combattant nuit et jour contre leurs barbares habitans, manquant de vivres et poursuivi par les Perses.

Vous avez vu de plus beaux pays que Xénophon. Décrivez-nous ces lieux qui semblaient destinés au bonheur, ces îles fortunées des Antilles où il n'y a point d'hiver, où les vergers donnent des fruits sans êtres greffés, où la nature a suspendu aux arbres tout ce qui est nécessaire à la vie humaine, des vases de toute espèce sur le callebassier, des cordages dans les lianes du pays, sur quelques-unes de ces lianes des fontaines végétales placées sur les plateaux des montagnes arides, une laine plus fine que celle des brebis sur le cotonnier, du lait et du beurre dans le coco, un pain prêt à cuire dans la patate, un sucre plus doux que le miel dans la moelle d'un roseau. Faites-nous admirer ces convenances ravissantes, et ces dédommagemens de l'auteur de la nature accordés aux pays chauds, où les troupeaux sont sans toison et presque sans lait, où les herbes des prés offrent peu de fleurs à l'abeille et où les moissons sont exposées aux ouragans.

L'homme semblait devoir vivre dans l'innocence dans un pays où la nature lui avait donné tous ses besoins sans l'obliger de faire tort à aucun animal; cependant les malheurs de l'humanité y sont à leur comble. Si vous vous sentez la vertueuse indignation d'un Juvénal, peignez-nous le sort affreux des nègres dont l'esclavage renferme tous les maux, et l'odieuse licence des blancs dont l'oisiveté produit tous les vices.

Ou plutôt représentez-nous les laborieuses familles de nos pauvres paysans chassées de toutes les terres par les grands propriétaires, transplantées dans ces îles si fécondes, élevant d'un travail facile leurs nombreux enfans, étendant la puissance française dans ces terres presque désertes et faisant retentir le nom de Louis sur les rivages de ce vaste Archipel, comme il retentira un jour dans les montagnes de la Franche-Comté.

Charmez l'ennui de votre prison par ces douces images. Ce sont des illusions, mais si vous étiez libre et riche, vous seriez forcé d'en appeler à votre secours de moins patriotiques. L'opulence ne promène ses regards que sur des vues de la Grèce et de l'Italie, sur des tableaux de leurs grands hommes et des divinités de leurs fables, sur des bustes de leurs philosophes qu'elle repousserait d'elle, peut-être, s'ils étaient vivans. Si quelquefois elle vient dans les villages chercher le bonheur qui la fuit, souvent c'est pour en corrompre l'innocence et présenter d'une main coupable des diamans au vice et des roses à l'indigente vertu.

Il vous sera sublime de servir votre patrie au moment où elle vous punit. Au moins, le souvenir de la nature adoucira vos maux. C'est la plus douce et la plus invariable des théologies; tout nous appelle à Dieu, mon frère, le plaisir, la douleur, la liberté, la prison, la science et l'incertitude; on n'a point à balancer, ou la prospérité nous y invite ou l'adversité nous y force; c'est lui seul qui peut vous tirer du précipice où vous êtes tombé, c'est lui qui éclaire et touche le cœur des rois. Infortuné Joseph! quelle serait votre force, si vous aviez porté dans les fers la conscience du Joseph hébreu [1]! Comme lui, vous êtes en prison pour vous être attiré la haine d'un gouverneur, mais il en fut opprimé pour avoir repoussé sa femme et vous pour vous être approché de sa maîtresse. Ah! s'il n'était permis qu'aux ames pures de s'adresser au sage su-

---

[1] Le nom de baptême de Dutailly était *Joseph*.

prême, oserais-je moi-même prier pour vous! oserais-je vous parler de lui! mais nos erreurs doivent ranimer notre confiance. Quelque pouvoir qu'aient sur sa justice les larmes de l'innocence, sa bonté leur préfère encore le repentir du coupable.

De Saint-Pierre.

RELATION

DE

CE QUI S'EST PASSÉ DEPUIS MON DÉPART

DE VARSOVIE (1764).

RELATION

DE

CE QUI S'EST PASSÉ DEPUIS MON DÉPART DE VARSOVIE (1764).

❋

J'AVAIS appris en arrivant à Varsovie que le prince Radziwil tenait la campagne avec sept ou huit mille hommes de troupes, qu'il avait à la tête de son pays deux forteresses, Niesvitz et Sluczk, remplies de munitions de guerre, quatre cents pièces de canon, etc. Je formai le projet d'aller lui offrir mes services, et je m'ouvris là-dessus à S. E. M. l'ambassadeur de Vienne, et à M. Hennin, résident de France, qui approuvèrent fort ma résolution. Je devais revenir sur mes pas, si le Prince n'avait pas les moyens de soutenir une guerre défensive, ou s'il ne dirigeait pas ses vues de ce côté-là.

Ce fut le 25 juin que je partis. Je passai le matin chez M. Michœlis, major des hullans saxons, qui devait m'accompagner. Je le trouvai fort irrésolu. Je le pressai par toutes sortes de raisons dont la plupart étaient bien frivoles. Il me souvient de lui avoir dit que les Russes regardaient la pluie comme le signe d'un voyage heureux, et il pleuvait alors. Enfin je lui dis tout ce que l'envie de partir me suggérait, car une bagatelle détermine souvent un homme qui balance.

Sur les dix heures du matin, nos équipages se mirent en marche, et sur les cinq heures du soir nous passâmes la Vistule. A deux portées de fusil de là, une calèche nous attendait. Elle était attelée de quatre mauvais chevaux, et nous avions trois milles à faire dans des sables. Cependant j'étais tranquille, on nous avait assuré que les chemins étaient libres, que nous serions accompagnés partout des gens du prince, qu'un guide nous devancerait à toutes les stations, que toutes les précautions étaient prises pour notre sûreté et notre commodité.

La nuit vint, et nous vîmes une chaise nous devancer rapidement. Il y avait dans cette voiture qui allait si bon train, la femme de M. le commissaire des terres du prince Radziwil. Elle nous cria, en passant, qu'elle allait tout faire préparer pour nous bien recevoir.

La bonne dame en eut tout le temps, car il était huit heures et nous n'arrivâmes qu'à minuit. En entrant dans la maison du commissaire, nous vîmes évidemment qu'on avait fait des préparatifs. Toutes les fenêtres étaient ouvertes, on voyait plusieurs lumières aller et venir comme de gens empressés. Le maître du logis nous dit que les chevaux ne seraient prêts que vers le matin, et qu'il nous avait fait préparer le corps-de-logis voisin pour y reposer plus tranquillement.

Nos équipages étaient arrivés sur les six heures du soir. Nous les fîmes descendre dans l'appartement où nous nous trouvions. Nous mîmes sur la table nos provisions de bouche et de guerre; elles consistaient en six pistolets et deux sabres, six bouteilles de vin de Hongrie dont M. Hennin m'avait fait présent, du vin de France, etc.

Nous nous mîmes à table. J'étais assis le visage tourné vers la porte, Michœlis dans le sens contraire. A peine nous commencions à manger, que tout-à-coup la porte s'ouvrit, cinq ou six hommes armés de sabres et de pistolets à la ceinture se précipitèrent dans la chambre, et nous entendîmes la voix de plusieurs autres qui s'efforçaient d'entrer. A ce tumulte je me levai, et prenant sans affectation mes pistolets, je les contins assez à propos pour donner le temps à Michœlis de se lever. La taille et les moustaches de Michœlis, un peu de vin de Hongrie que j'avais bu et qui me donnait un air plus méchant que je ne l'ai naturellement, et sans doute une belle paire de pistolets que je tenais dans mes mains, tout cela leur en imposa tellement, que ces gens si échauffés s'arrêtèrent tout court, nous firent une profonde inclination et se retirèrent sans dire mot.

Je dis à Michœlis : Barricadons les fenêtres et les portes, car nous allons être attaqués. Je voulus fermer une croisée, mais on avait déjà porté les précautions jusqu'à l'enlever tout entière. Nous la fîmes remettre en sa place par le commissaire, et je soupçonnai dès ce moment que nous étions trahis ; nous en fûmes bientôt convaincus.

Toutes les précautions prises pour la défense, nous nous remîmes à table. Cependant les hullans murmuraient sous nos fenêtres, le commissaire entra pour nous dire qu'ils voulaient mettre le feu à la maison. Nous répondîmes : S'ils approchent nous tirerons sur eux. A ces mots, la dame du logis vint nous prier d'aller coucher dans la maison voisine, parce que le bruit que nous allions faire ferait pleurer ses petits enfans. Cette maison était un corps-de-logis isolé à l'entrée du bois, et occupé par les ennemis. Elle ajouta que ces hullans étaient des gentilshommes de la garde du prince Katorinsky, qu'ils nous attendaient dans le village depuis une heure après midi.

Il était clair que le commissaire aurait pu nous faire savoir leur arrivée, et qu'il s'entendait avec eux, puisqu'il ne l'avait pas fait. Ainsi, nous nous hâtâmes de brûler nos papiers ; nous envoyâmes demander trois fois au commissaire la lettre que nous venions de lui remettre. Il répondit qu'il l'avait brûlée, ce qui était faux.

Avant de nous reposer, je jugeai à propos de faire une patrouille. Je fis le tour de la maison, et ayant vu de la lumière dans une chambre voisine de la nôtre, j'aperçus à travers la porte sept ou huit hullans qui se préparaient à y passer la nuit. Pendant ce temps, j'entendis une voix qui me dit en latin de prendre garde à moi, parce qu'on voulait m'arrêter. Je répondis : Il n'y a rien à craindre. L'obscurité était si grande, que je ne pus distinguer le donneur d'avis. Je rentrai et fis part de ce que j'avais vu à Michœlis, qui conclut ainsi que moi que c'était une autre preuve de trahison, puisque le maître de la maison nous avait caché leur voisinage.

Je proposai à Michœlis de tomber sur nos gardes pendant la nuit, et de continuer notre route. Mais il me fit sentir l'inutilité d'une pareille sortie, puisque nous n'avions ni chevaux ni guides pour aller plus loin, et que nous étions trahis par les gens même du Prince. Nous nous jetâmes sur des matelas, avec nos armes, à portée pour n'être pas surpris. Le reste de la nuit se passa tranquillement.

Lorsque le jour fut venu, dix hullans commandés par un lieutenant vinrent poliment à la porte nous dire qu'ils avaient des ordres de ne laisser passer personne sans passe-port; que si nous n'en avions pas, nous devions retourner pour en prendre, parce que nous ne pouvions aller plus loin sans inconvénient; qu'il y avait trois cents housards dans un village voisin ; et que plus haut nous tombions au milieu des Russes qui marchaient sur Biala. Cela était vrai.

Nous résolûmes donc de retourner à Varsovie. Les hullans montèrent à cheval en nous accompagnant sans affectation. Après six heures de marche, nous arrivâmes sur le bord de la Vistule. On fit préparer les bacs pour le passage de nos voitures. Pendant ce temps, nous convînmes de dire au prince Katorinsky que nous avions voulu aller en campagne pour y jouir de la belle saison, car nous pensions bien que le Prince serait curieux de nous voir.

En effet, il avait déjà envoyé le capitaine de sa garde pour nous prier de dîner chez lui ; quand nous eûmes abordé au rivage, nous vîmes un grand nombre d'hommes qui nous regardaient avec curiosité. Nous arrivâmes chez le prince; tout le monde était aux fenêtres. On nous fit monter par une aile du château.

Nous nous trouvâmes dans une salle remplie d'officiers et de soldats de toutes les couleurs. On apporta nos effets qui furent visités avec la plus grande exactitude. Nos habits le furent aussi. La visite faite, un officier vint nous prier de lui remettre nos épées, ce qu'il fallut faire. On entrait de cette salle dans une autre plus grande; ce fut là où je passai. Cette chambre était trop bien éclairée et trop propre pour une prison; mais son énorme voûte, ses fenêtres grillées et sa porte de fer, ne lui donnaient pas l'air d'un appartement. On me dit que c'était la salle du trésor. On posa dans ma chambre une sentinelle, la baïonnette au bout du fusil, avec un bas-officier armé du pistolet et du sabre. On prit avec Michœlis la même précaution, et on mit encore deux factionnaires à la première porte.

J'étais si en colère de tout cela, que je me plaignis hautement d'être arrêté contre le droit des gens et gardé avec une sévérité sans exemple. On me répondit que c'étaient des précautions nécessaires dans un temps de trouble, qu'au reste rien ne nous manquerait.

Quelque temps après, on m'apporta mon souper. Il consistait en une petite fiole de vin de Bourgogne et trois plats. Je ne voulus rien prendre.

Le lendemain, sur les dix heures, un officier

vint me dire que le Prince voulait me parler.
Je descendis avec cet officier dans un petit appartement, où étaient une table, trois chaises,
et M. l'auditeur prenant un air grave, m'adressa ainsi la parole :

« Monsieur, l'affaire dans laquelle vous êtes
» impliqué est d'une si grande importance,
» qu'il est facile de voir que vous avez été mal
» conseillé; nous espérons donc que vous direz la vérité, puisque nous avons pour vous
» un bon traitement. Ainsi, Monsieur, pourquoi avez-vous quitté le service de France?

» — Pour des raisons qui me sont particu-
» lières. Je ne dois pas répondre là-dessus.

» — Nous sommes envoyés par Son Altesse
» pour vous entendre sur tout.

» — Je suis capitaine, et puisqu'on m'inter-
» roge, il devrait y avoir au moins un major
» présent. Mais je vous satisferai en deux
» mots. J'ai été à la campagne pour prendre
» l'air; on m'a arrêté sur une terre amie; on
» me retient ici contre le droit des gens;
» dites au Prince qui vous a envoyé que j'at-
» tends de sa justice qu'on répare l'éclat que
» cette affaire a fait. »

Il écrivit : Je prétends satisfaction du Prince

pour m'avoir fait arrêter contre le droit des gens.

« M. Michœlis a avoué que vous alliez trou-
» ver le prince Radziwil; il l'a même signé;
» voyez ce papier; c'est son écriture. »

En effet il l'avait écrit. Je pensai que ce papier pouvait être de leur invention. Je répondis : « Je ne sais point les intentions de
» M. Michœlis, mais il m'a voulu livrer au
» Prince à mon insu; je demande satisfaction
» contre lui.

» — Il est encore convenable de dire où
» vous avez reçu le quartier; avez-vous été
» recommandé à quelqu'un?

» — J'ai logé près de la porte de Cracovie;
» je n'ai été recommandé à personne, parce
» que j'ai l'honneur d'être connu de M. l'am-
» bassadeur de Vienne. »

Il écrivit : Je n'ai point été recommandé, car je suis assez connu.

« On a trouvé dans vos papiers une adresse
» à M. le comte de Mercy.

» — C'est une lettre que je lui écrivais de
» Kœnigsberg, pour le prévenir de mon arri-
» vée; mais réfléchissant que j'arriverais
» avant la poste, j'ai brûlé la lettre, et l'en-

» veloppe est restée par hasard dans mon
» porte-feuille.

» — Qui vous a recommandé à M. Alouais,
» à M. Michœlis, et qui vous a présenté à eux?
» car on ne va pas chez les gens sans être
» présenté par quelqu'un.

» — Personne ne m'a présenté à eux, j'ai
» fait leur connaissance au Jardin du Roi.

» — Cela est singulier!

» — Cela est tout simple. Il est bien na-
» turel que dans un pays étranger, des étran-
» gers se rassemblent.

» — On dit que Michœlis a brûlé des lettres.

» — C'était du papier, afin de parfumer la
» chambre où on sentait une mauvaise odeur.

» — Où avez-vous mis vos effets en partant
» de Cracovie?

» — Chez un ami.

» — Où demeure cet ami?

» — Je ne suis pas obligé de le dire. »

Puis par réflexion :

« Chez M. le résident de France; ajoutez
» que je ne l'ai pas dit d'abord, parce que
» j'ai cru inutile de répondre à une question
» indifférente.

» — On vous a engagé, Monsieur, dans une

» bien mauvaise affaire, et cela à cause de
» votre jeunesse.

» — Allez, Monsieur, je ne suis point d'un
» âge à être séduit. Je sais ce que je fais;
» mais vous, Messieurs, vous agissez avec
» moi sans aucune forme de justice, car fût-il
» vrai que j'eusse voulu aller trouver le prince
» Radziwil, vous ne pouvez que m'en empê-
» cher, et vous me détenez ici dans une mai-
» son particulière, comme si j'étais l'esclave
» de votre Prince. »

L'autre officier prit la parole et me dit :
« Vous pouvez compter, Monsieur, que si vous
n'êtes point mêlé dans cette affaire, elle tour-
nera à votre avantage. Nous allons rendre
compte de tout ceci au Prince; ayez un peu
de patience, et demandez tout ce que vous
voudrez. »

Je remontai chez moi. Sur les cinq heures
du soir ma porte s'ouvrit. Les deux officiers
qui m'avaient interrogé entrèrent avec M. Michœlis. Je crus que j'allais sortir et que tout
était fini. Ils nous dirent : « Vos dépositions ne
sont pas semblables. M. Michœlis a avoué que
vous alliez ensemble trouver le prince Radziwil. » Je me tournai vers Michœlis : « Avez-vous

dit cela, Monsieur ? » Il se troubla, et me dit :
« Cela est vrai. — Puisque vous l'avez dit, ajou-
tai-je, j'en tombe d'accord. Oui, Messieurs,
j'allais trouver ce Prince. Si je l'ai nié, c'est
que je l'avais promis à M. Michœlis, que je
craignais de lui faire tort, et après lui en
avoir donné ma parole, rien n'eût été capable de me la faire rompre. »

L'un de ces officiers me dit : « Eh! Monsieur, puisque ce n'était que cela, il n'en fallait pas faire mystère; il est naturel qu'un
officier cherche du service. »

Ils sortirent après avoir posé de nouvelles
sentinelles, et défendu qu'on nous laissât parler. Cependant je m'adressai à Michœlis, à travers la porte. Il me dit : « Nous avons été trahis.
Ils ont été chez moi, ont ouvert mes malles
où ils ont trouvé un malheureux billet signé
de M. Alouais. Il y avait, entre autres articles,
que nous devions dire au Prince d'accorder
la liberté à chacun de ses paysans qui lui ap-
porterait un Russe mort ou vif. » Je lui répondis : « Vous nous avez mis dans de beaux
draps; gare la Sibérie ! »

Deux ou trois jours se passèrent sans avoir
de nouvelles. Un matin, l'auditeur entra dans

ma chambre pour me dire que nos dépositions s'étant trouvées contraires, on était fort éloigné de me rendre la liberté; que je devais même me préparer à aller dans une prison plus rigoureuse.

Je lui répondis : « Je suis tout prêt. Mais songez qu'il y a des Polonais à Paris. »

Je vins à réfléchir, lorsque cet officier fut sorti, que cette affaire pouvait devenir de la plus grande conséquence par les commissions dont Michœlis s'était chargé; que les Russes étant tout-puissans à Varsovie, ils pouvaient nous traiter en prisonniers d'État, et nous envoyer à Pétersbourg, où l'on me ferait un crime d'avoir embrassé le parti d'un ennemi de l'Empire, lorsque je sortais à peine du service de Russie.

Je demandai à écrire au prince Katorinsky. On m'apporta de l'encre et des plumes. L'auditeur resta présent pendant que j'écrivais, de sorte qu'il fallut écrire sous ses yeux, et sans brouillon, une lettre qui devait être fort circonspecte.

La voici telle que je me la suis rappelée huit jours après. Je me suis assujetti même aux négligences où m'emportait ma position.

« Monseigneur,

» Je prends la liberté de représenter à Votre Altesse que je suis détenu aux arrêts depuis trois jours. J'ai imaginé qu'il fallait qu'il y eût quelque motif extrêmement grave pour que ma détention eût été si longue; mais j'ai été bien plus surpris lorsqu'on m'a annoncé ce matin que je devais m'attendre à une prison beaucoup plus rigoureuse.

» Ce n'est ni la crainte, ni l'ennui de ma détention qui m'ont mis la plume à la main. Plus ma prison serait longue, plus elle me ferait honneur. Ce qui afflige d'abord l'innocence tourne ensuite à sa gloire. En écrivant à Votre Altesse, je n'ai d'autre intention que de l'empêcher de s'écarter pour la première fois des sentimens d'équité et de bienveillance qu'elle porte aux étrangers, surtout à ceux de ma nation. Je ferai donc passer rapidement sous les yeux de Votre Altesse les événemens de ma vie. Les témoignages d'une bonne conduite passée servent de caution pour la présente.

» Je suis cadet d'une bonne maison de Normandie. Je pris le parti du génie, comme le chemin le plus court pour aller à la fortune. J'ai fait ma première campagne en Allemagne, dans l'état-major de l'armée, sous les ordres de M. le comte de Saint-Germain, ensuite dans l'armée de M. de Broglie. C'était en 1760.

» L'année suivante, je fus envoyé à Malte par la cour. L'île était menacée d'une invasion de la part des Turcs. A notre arrivée à Malte, nous trouvâmes tout pacifié. Je revins à Versailles où je me brouillai dans les bureaux, parce qu'on ne m'avait pas tenu ce qu'on m'avait promis. Je partis de Paris dans l'intention d'aller en Portugal où les ingénieurs étaient rares et nécessaires, car la guerre venait de s'allumer avec l'Espagne. Pour aller en Portugal, je vins en Hollande; là, je reçus une lettre du chevalier de Chazot, commandant de Lubeck, qui m'invitait à le venir joindre. Les Russes et les Danois, se rassemblant dans le Holstein, se préparaient à faire de sa ville le centre de la guerre. Je volai au secours de mon compatriote. A peine étais-je arrivé que la paix se fit, par la révolution de Pierre III; c'était en 1762. Je résolus d'aller en Russie où j'avais beaucoup de recommandations. J'entrais à peine au service, que la paix générale arriva.

» Ennuyé de voir la paix me suivre partout, je demandai mon congé, sachant bien que la sagesse du gouvernement présent maintiendrait long-temps l'État tranquille et sans guerre.

» Je résolus de retourner en France et d'y présenter quelques projets analogues à mes études, et, comme j'avais l'honneur d'être connu de M. le comte de Mercy, qui m'avait promis des lettres de recommandation pour Vienne, je vins à Varsovie.

» Je puis prouver ce que je viens d'avancer jusqu'ici à Votre Altesse, par des lettres et des certificats de personnes de la première considération. Le reste de ma conduite ne sera pas plus difficile à éclaircir.

» J'arrivai à Varsovie avec un père récollet que j'avais rencontré à Mémel. Le juif qui conduisait la poste nous laissa dans le plus grand embarras sur le bord de la Vistule. Il était nuit ; nous priâmes un étranger qui parlait français de nous conduire à l'hôtel de M. le comte de Mercy, où nous passâmes la nuit. Le lendemain on m'indiqua un logement vis-à-vis l'hôtel du Grand-Maréchal.

» Pendant mon séjour à Varsovie, j'ai mangé chez Son Excellence monseigneur l'ambassadeur de Vienne, qui m'a offert sa table; j'ai été chez la princesse Sangousca invité à souper deux fois, et à dîner chez la princesse M.... J'ai mangé plusieurs fois chez M. Hennin, résident de France. J'attendais une occasion de partir pour Vienne, lorsque j'appris que le prince Radziwil était occupé à défendre deux places, Niesvitz et Sluczk. Je résolus de de l'aller joindre pour me faire honneur.

» Votre Altesse n'ignore pas qu'il est facile à un officier de se distinguer, parce qu'il se présente des occasions lorsqu'il est en détachement; mais il n'en est pas de même d'un officier du génie; si la fortune ne lui présente un moment favorable, il lui est bien difficile de mériter assez de confiance pour qu'un prince se repose sur lui de la défense d'une place.

» Je m'adressai à M. Alouais, avec lequel j'avais lié connaissance. Je ne sais si ce fut au jardin de la Cour, ou dans quelque maison particulière. M. Alouais me répondit que je prenais un parti désespéré, que le prince

Radziwil était sur le point d'être écrasé ; que d'ailleurs il ne se mêlait point de cela ; que cependant il me ferait faire connaissance avec un officier qui connaissait le pays mieux que lui. Cet officier était M. Michœlis.

» Je ne demandai pour ce voyage ni grade ni récompense ; j'allais, comme volontaire, à mes dépens. J'eus beaucoup de peine à engager M. Michœlis à m'accompagner ; mais il se détermina, à force de prières, à se charger de ce qui était nécessaire pour le voyage. J'ai dit à Votre Altesse le principal ; s'il manque quelques circonstances, je les dirai avec la même sincérité.

» J'ajouterai quelque chose de plus : j'ai compté par cette démarche me faire honneur dans l'esprit de Votre Altesse et de Son Excellence monseigneur le comte Pogniatoski. Il m'eût été facile d'imiter tant d'officiers qui se mettent à l'ombre de la fortune ; lorsqu'elle est favorable ; mais j'ai pensé que vous auriez bonne opinion d'un homme qui renonçait volontairement aux douceurs de la société pour suivre un prince dont il n'avait jamais ouï parler, et qui embrassait son parti par la seule raison qu'il était malheureux. D'ailleurs, mes services ne pouvaient convenir qu'à ce Prince. Le génie est l'art d'opposer l'adresse à la force ; ceux qui lui font la guerre n'en ont pas besoin...

» Je suis donc parti dans l'intention de mériter l'estime de Votre Altesse, intention fondée sur les louanges bien peu suspectes de M. Hennin, qui m'a assuré que, sans les circonstances du départ de M. l'Ambassadeur, la première maison où il m'aurait présenté eût été celle de Votre Altesse qui avait toujours eu beaucoup d'amitié pour lui ; jusqu'à lui témoigner qu'elle serait très-fâchée de le voir retourner en France.

» Je n'en dirai pas davantage, de peur d'avoir l'air de flatter : cette lettre que j'écris en courant n'a été ni méditée, ni réfléchie. Il me reste à prier Votre Altesse de me faire savoir comment je dois me considérer ici. Comme prisonnier de guerre? Il est partout d'usage de renvoyer les officiers sur leur parole. D'ailleurs, je n'ai point été pris avec les ennemis, ni commettant aucune hostilité. On me fait un grief d'avoir soutenu les premiers jours que j'allais en campagne. Je l'ai dit, cela est vrai, 1° parce que je ne voulais pas faire tort à M. Michœlis que j'avais engagé à m'accompagner ; 2° parce qu'aucune loi n'oblige un homme d'être son accusateur dans sa propre cause.

» On me traite ici avec honnêteté, mais la liberté est le premier des biens, puisque, entre autres avantages, il me procurerait l'honneur d'assurer Votre Altesse du respect, etc. »

On m'apporta le lendemain pour réponse, que je devais avoir un peu de patience. C'était le quatrième jour de ma détention. Les jours suivans se passèrent sans qu'on me parlât de rien. Je m'impatientais furieusement. Il arriva un petit incident qui augmenta ma mauvaise humeur. Michœlis jeta par sa fenêtre un peu de chocolat enveloppé dans du papier ; aussitôt on donna l'ordre de fermer toutes nos fenêtres ; il faisait une chaleur insupportable. On m'apporta le soir mon souper : je refusai de rien prendre. Un officier vint m'engager de la part du Prince à manger. « Dites au Prince, lui dis-je, que je ne reçois rien de la part de mes ennemis. »

Une chose me donnait du chagrin, c'était la crainte des Russes. Je sortais de leur service, ils étaient tout-puissans à Varsovie. Ils profitent des moindres prétextes pour conduire les étrangers dans leur pays : j'en avais vu beaucoup d'exemples. Je ne rêvais que de la Sibérie et de la forteresse de Pétersbourg. Joignez à cela que j'ignorais les mouvemens qu'on se donnait pour moi. Je me regardais comme un homme qu'on n'oserait réclamer à cause des circonstances. En vérité je rendais bien peu de justice à M. l'ambassadeur de Vienne et à M. le résident de France.

Enfin, le huitième jour, l'auditeur entra chez moi. Ses yeux étaient sereins et sa physionomie riante, ce qui était rare. Il me dit : «Monsieur, je viens vous faire une visite d'amitié ; » puis, sous prétexte de conversation familière, il me faisait quantité de questions aussi ridicules que malignes. Je répondis à tout laconiquement. L'adjudant du Prince entra un moment après, et m'apprit que beaucoup de personnes s'intéressaient pour moi, entre autres madame la fille du prince Katorinsky, madame la princesse Strasnick. Elle m'envoyait des livres; car jusqu'alors je n'avais eu que mes livres de géométrie et de tactique qui n'étaient guère propres à me distraire.

On m'apprit que je sortirais le lendemain, à condition que je signerais un billet où je m'engagerais à ne prendre aucun service contre les États pendant l'interrègne, et où je promettrais de me retirer en France sous le terme de quinze jours.

Je fis tout ce que je pus faire pour éviter ce coup, mais il en fallut passer par-là. Mon premier soin en sortant fut de solliciter l'élargissement de Michœlis. Mes sollicitations n'ont point été rejetées, il est sorti des arrêts avec ordre de se retirer, dans dix jours, des terres de la république. J'ai été invité à dîner chez le prince Katorinsky qui m'a comblé d'amitiés; la princesse Strasnick m'a envoyé un gentilhomme m'inviter à dîner; j'ai été invité successivement chez madame la grande chambellane de Lithuanie, madame la palatine de Volhynie, M. le grand-maréchal, chez la princesse Sangousca et chez la princesse M..... Tant d'invitations m'ont fait naître l'idée d'attendre à Varsovie le moment de l'élection. J'ai redemandé ma parole, on m'a rendu mon billet, et j'ai remis celui-ci à la place.

« Je soussigné, chevalier, Jacques de Saint-Pierre, capitaine dans le corps du génie, ci-devant au service de Russie, promets sur ma parole d'honneur de ne prendre aucun service en Pologne pendant l'interrègne d'à présent, et de n'entretenir, soit directement, soit indirectement, aucune correspondance ou communication avec qui que ce soit au désavantage des États confédérés de la même république. »

Je suis consolé, plaint, justifié, fêté par les deux partis. O fortune! il y a huit jours, j'étais à peine connu, je logeais en prison, je mangeais seul et tristement; à présent je suis dans un tourbillon de jeunes princesses, et je me promène dans des appartemens délicieux.

La vie est un songe bien bizarre!

CORRESPONDANCE

DE

BERNARDIN DE SAINT-PIERRE

AVEC

SA PREMIERE FEMME.

CORRESPONDANCE

DE

BERNARDIN DE SAINT-PIERRE

AVEC

SA PREMIÈRE FEMME.

N° 1.

✽

A SA PREMIERE FEMME [1].

J'ASPIRE, mon aimable enfant, après l'instant heureux où vous serez ma compagne. Tout plaisir qui ne se combine pas avec cette idée ou qui la devance est imparfait.

Je suis triste, et c'est à l'égard de moi-même. Je ne serai content que quand je ferai

---

[1] Avant le mariage, ainsi que les lettres suivantes.

votre bonheur. Je ne peux l'entreprendre que dans une vie conjugale. Je demande à Dieu d'en accélérer le moment. Ma tendre amie, jamais je n'ai aimé ni estimé personne comme vous. Vous avez tout ce qu'il faut pour mon bonheur ; il ne vous manque rien d'essentiel pour être ma compagne. Si vous avez besoin de quelque instruction accessoire, j'aurai le plaisir de vous la donner. Il vous convient, par exemple, d'avoir quelque notion du globe que nous habitons, afin de jouir d'une multitude d'ouvrages intéressans dont la lecture fatigue, faute d'en comprendre une douzaine de mots. Oh! que ne puis-je bientôt vous voir mère de famille dans l'asile que je me suis choisi ! Voilà l'étude digne de vous : être bonne à vos voisins, attentive et indulgente pour vos domestiques, prévoyante pour les besoins de votre maison, mère tendre pour vos enfans ; et ma compagne aimante et aimée en tout temps : telle est la carrière que vous devez parcourir. Puissé-je bientôt, tendre et aimable amie, vous y introduire, afin d'y renouveler la mienne. Je vous embrasse de tout mon cœur.

N° 2.

✼

A SA PREMIÈRE FEMME.

Vous vous exprimez, ma chère amie, avec beaucoup de délicatesse, lorsqu'en parlant de vos devoirs, vous me dites que votre secret vous est inviolable parce qu'il est le mien. Nos ames se touchent; un jour elles se confondront ensemble.

J'ai vraiment besoin de secret avant et après notre union. Je ne conçois de séjour heureux que celui de la campagne. Il faut donc avant tout en préparer un. Voici quel est mon plan; comme je le forme pour votre bonheur et le mien, je le soumets entièrement à vos lumières.

Je déclarerai à madame votre mère le désir que j'ai de m'unir à vous; je lui demanderai son agrément. Je ferai la même démarche auprès de monsieur votre père : je les engagerai l'un et l'autre au secret pour plusieurs raisons : à cause de la disproportion de votre âge au mien; à cause de ma place incertaine, et qui m'obligerait à une représentation trop dispendieuse, si j'étais marié. Je ne leur demanderai que la même dot qu'ils vous avaient destinée, de manière que monsieur votre père s'obligera de faire l'acquisition de la petite île, de la faire bâtir suivant le plan simple et commode que je lui donnerai; pour la somme de 10,000 liv., à laquelle il ajoutera le restant de votre dot, montant à 30,000 livres (je pense), et me livrera l'île bâtie, et cette somme ou une de ses maisons de Paris de pareille valeur, au moment où il signera notre contrat de mariage.

Avant que la maison soit bâtie et habitable il s'écoulera trois mois : c'est vers ce temps que vos parens se retireront à Essonne. Vous y serez avec eux, j'irai vous y épouser. J'aurai une maison, une île et une femme, sans que personne en sache rien à Paris. Je vous installerai dans mon île avec une vache, des poules et Madelon, qui s'entend à merveille à les élever. Vous y aurez des livres, des fleurs et le voisinage de vos parens. J'irai vous y voir, certes, le plus souvent que je pourrai. Pendant ce temps-là, mon état incertain se consolidera à Paris; s'il est détruit, je vous ramènerai au bout de deux ou trois mois de mariage dans mon ermitage de la rue de la Reine-Blanche, où notre union ne fera point de bruit. Si mon état est permanent, je vous garderai quelques jours auprès de moi dans l'intendance, où vous aurez une chambre à côté de la mienne. Vous n'y serez tenue à aucune représentation à cause du peu de séjour que vous y ferez. Je ne vous y ferai apparaître que pour qu'on sache seulement que vous êtes ma femme. Ensuite, nous irons et viendrons nous voir alternativement, à peu près comme l'homme et la femme des petits baromètres de Suisse. Vous viendrez à Paris dans l'hiver, et moi j'irai à Essonne dans l'été.

Voilà, ma chère amie, quel est le plan de vie que je fais pour vous et pour moi. Ajoutez-y ou retranchez-en ce que vous voudrez : mon principal objet est votre bonheur.

N° 5.

A SA PREMIÈRE FEMME.

Vous me priez de mon plaisir, mon aimable Félicité. Je désire la campagne et d'y être avec vous. Mes devoirs me retiennent à Paris encore pour plusieurs jours; ensuite, si les circonstances me le permettent, je satisferai mon inclination en vous allant voir.

Ne vous laissez point effrayer par la vue de l'avenir. « Quand les hommes, dit Épictète,
» sont au comble du bonheur, ils n'imaginent
» pas qu'ils en puissent descendre; et quand
» ils sont dans l'abîme du malheur, ils ne
» voient pas comment ils en pourront sortir.

« Cependant l'un et l'autre arrive, et les
» dieux l'ont ordonné ainsi, afin que les
» hommes sachent qu'il y a des dieux. »

Que ces motifs tout-puissans de consolation vous servent à rassurer votre mère et vous-même, et soyez sûre que le ciel récompensera tôt ou tard votre vertu.

La lettre que vous venez de m'écrire est pleine de raison et de sensibilité. Fortifiez l'une et l'autre par la lecture des bons livres. Je m'estimerai heureux d'y contribuer personnellement. Dans des temps plus tranquilles, j'aurais cherché à faire de vous mon élève; dans ces temps orageux, je désire faire de vous mon amie. Bannissez donc de vos lettres l'expression froide de *monsieur*. Suppléez-la par toutes celles que vous trouverez dans votre cœur fait pour aimer et pour être aimé. Quoique des correspondances en tout genre m'obligent d'abréger mes réponses, la vôtre me servira de consolation. Plus elle sera étendue, plus elle m'intéressera. Mon ame, fatiguée de la corruption des sociétés, se reposera sur la vôtre, douce, pure, solitaire, aimante, comme un voyageur sur un gazon frais.

Les affaires publiques m'obligent d'abréger le

plaisir que je prends à vous écrire. J'entends par affaires publiques celles qui regardent mon service, car je ne sais point de nouvelles. J'appris hier au jardin où je vous cherchais, que vous étiez partie pour Essonne. Mandez-moi le plus tôt que vous pourrez ce que vous pensez dans votre solitude. Avez-vous des livres ? Oh ! que la nature est un grand et sublime livre ! Occupez-vous dans vos promenades du soin de me chercher une chaumière, au milieu des bois, dans une lande ; tout me sera bon : c'est là que mon cœur resserré s'épanouira. Adieu, mon aimable Félicité, votre ami vous embrasse. — Je verrai ce soir votre maman [1].

BERNARDIN DE SAINT-PIERRE.

[1] Au bas de cette lettre on lit les mots suivans écrits de la main de mademoiselle Félicité D.... :

Reçu le 22 août 1792, jour heureux pour Félicité !

N°. 4.

✻

A SA PREMIERE FEMME.

Je suis charmé de la paix que vous goûtez à la campagne, je voudrais bien pouvoir la partager. Tous les jours nous avons ici de nouveaux orages. Je vous exhorte, ainsi que votre maman, à passer à Essonne le reste de la belle saison. Je ferai mon possible pour vous y aller voir dès que les barrières seront ouvertes. Il paraît que votre maman a de nouvelles vues pour le terrain de M. Hangard, mais il n'est point à vendre pour le présent.

Si le ciel m'a réservé encore quelques jours heureux, je sens que je ne peux en jouir qu'à la campagne. Il m'est impossible de me livrer ici à aucuns travaux littéraires. Mon ame ne résiste aux maux qui l'environnent qu'en se resserrant. Comment pourrait-elle s'étendre aux objets de la nature dans les troubles de la société? Elle n'a de forces que pour elle-même et pour quelques amis dont elle tâche d'adoucir les peines.

Parlons un peu de vos plaisirs. Je pense que vous pourriez augmenter ceux de votre solitude par l'étude de la botanique. Les plantes présentent des images agréables ; elles offrent une multitude de modèles des formes les plus vivantes. Vous y trouverez des patrons pour la broderie que vous aimez. C'est une bibliothèque remplie de pensées profondes, ingénieuses, gaies ; il y en a pour tous les esprits. La nature les a étendues sous les pas de l'homme et dans les arbres des forêts qui s'élèvent sur sa tête, pour élever par degrés son ame jusqu'au ciel. L'amant, le philosophe, l'enfant, trouveront à y faire des couronnes, des méditations et des bouquets.

Je voudrais être à portée de vous en donner les premières leçons, et vous couronner comme une naïade avec quelques jolies fleurs de jonc;

mais je ne sais si votre maman même retournera à Essonne. Je compte dîner aujourd'hui chez elle et la charger de ma lettre. Si elle ne part point je la mettrai à la poste. Adieu, ma chère Félicité, je suis surchargé d'écritures, et je ne me sens hâte de vous écrire ces lignes que pour vous tirer d'inquiétude. Je vous embrasse de tout mon cœur.

Ce 31 août 1792.

N° 5.

✳

A SA PREMIÈRE FEMME.

Je m'empresse, amie très-aimée, de vous mander mon arrivée à Chantilly, avec un petit journal de mon voyage.

Nous partîmes hier de Paris, à neuf heures du matin, du Petit-Saint-Martin, rue Saint-Martin. Nous avions loué une voiture pour 42 francs, dans laquelle nous nous embarquâmes au nombre de six : trois personnes du jardin, un marchand d'histoire naturelle et deux membres de la commission des monumens. On attela à notre voiture deux chevaux très-maigres; et mon domestique étant monté sur le siége, le cocher, d'un coup de fouet, donna le signal du départ. A ce signal, un de nos coursiers, soit de peur, soit de faiblesse, tomba tout de son long, sans qu'il fût possible au cocher de le faire relever. Cependant tous les voisins qui habitent la vaste cour du Petit-Saint-Martin s'étant réunis, à force de coups de cordes, de prières et de juremens, vinrent à bout de le remettre sur ses jambes, lorsque la plupart de nos voyageurs étaient descendus et voulaient obliger notre voiturier de leur fournir un autre cheval; ce qui était impossible, car il n'avait que ces deux-là. Nous nous attendions qu'ils nous laisseraient au milieu de la campagne; mais, une fois en train d'aller, ils nous ont amenés tout d'une traite à Écouen, à quatre lieues de Paris.

Je ne saurais vous peindre la beauté des champs couverts de pommiers fleuris, de prairies émaillées, et d'une verdure naissante; il me suffit de vous dire que la campagne, revêtue comme vous de son printemps, était aimable comme vous.

Pendant qu'on nous préparait notre dîner à Écouen, nous avons été visiter le château dont le citoyen M...... nous faisait admirer en détail l'architecture et la menuiserie. Pour moi, j'étais plus sensible à la mosaïque de la cour, dont les petits pavés en compartimens noirs et gris étaient tous bordés de lisières de mousses et de saxifrages en fleur. Ces traces de solitude au milieu d'un grand château dont plusieurs colonnes ont été renversées, me rappelaient la vanité des grandeurs humaines, et surtout celle d'Anne de Montmorency, qui a fait graver partout des anges qui s'agenouillent devant son épée de connétable, ou qui l'embrassent, avec ces devises : *Ad planos*, aux cieux, ou *Dieu est mon grand service*, consonnance orgueilleuse de celle des rois dont il était connétable : *Dieu et mon épée.*

Après avoir philosophé sur la hauteur où est assis le château d'Écouen, exposé à un vent très-froid, nous sommes redescendus au village où, après un mauvais dîner fort cher, nous avons continué notre route pour Chantilly, au milieu des ondées de pluie qui se sont succédées toute l'après-midi. Nous nous sommes consolés du mauvais temps par la bonne société qui a été enjouée et instructive. Pour moi, j'étais assez silencieux, pensant, non aux châteaux, mais aux chaumières, et désirant bientôt habiter la mienne avec celle qui, par sa douceur, sa gaieté, ses grâces, son bon esprit et la foi qu'elle m'a promise, doit être le charme de ma vie. Cependant j'ai observé qu'il n'y avait point encore de temps perdu pour la saison, car les arbres sont beaucoup moins avancés dans les campagnes qu'aux environs de Paris. Les ormes de la route n'ont presque pas de feuilles, et quand nous avons été dans la triste plaine de Chantilly, nous avons trouvé son bois de chênes comme au milieu de l'hiver; si ce n'est que quelques bouleaux montraient çà et là leur verdure naissante.

Nous sommes arrivés sur les huit heures à Chantilly, où un garde national est venu d'abord nous demander nos passe-ports; mais sachant qui nous étions, il s'est empressé de nous mener chez les députés de la Convention, qui nous attendaient avec impatience.

Nous sommes logés chez le citoyen *Delaitre, au Cygne, près de l'église;* c'est là que je vous prie de m'adresser des lettres écrites avec votre ame, pour me dédommager de l'ennui de votre absence. J'ignore le temps que nous allons passer ici. On vend tous les effets du château, et nous allons inventorier ceux du cabinet d'histoire naturelle. L'oiseau de saint Pierre m'a réveillé à quatre heures et demie du matin, par ses chants aigus, et j'espère que l'oiseau de Félicité m'en dédommagera ce soir, dans le parc, par ses sons harmonieux; quoi qu'il en soit, le coq n'est pas moins que le rossignol un symbole de l'amour conjugal: puisse ma poule être sensible à mes chants; oiseau du matin, je ne changerai pas mon sort pour celui du printemps.

Mille amitiés à vos respectables parens; mon aimable enfant, je vous embrasse de tout mon cœur.

De Saint-Pierre.

Chantilly, ce 2 de votre mois, au lever de l'aurore.

N° 6.

✽

A SA PREMIÈRE FEMME.

Voici, ma tendre amie, la troisième lettre que je vous adresse depuis mon arrivée à Chantilly, sans que j'en aie encore reçu une seule de vous. La saison dure, l'absence et les affaires me rendent un peu mélancolique, et j'attendais de vous la plus douce de mes consolations. Je me suis quelquefois imaginé que vous viendriez me surprendre agréablement par votre arrivée soudaine. Pure illusion! je n'ai pas seulement reçu de vous le moindre petit billet; je ne vous en fais pas de reproches. Si vous avez attendu à recevoir d'abord une lettre de moi, il n'y a pas de temps à perdre pour la réponse. J'espère même en recevoir une ce soir; mais comme la poste n'arrive qu'à dix heures, j'ai encore un peu à souffrir.

Tout est ici dans une tranquillité parfaite, ce qui provient de la solitude du lieu. On n'y verrait, je crois, personne dans les rues, si la vente des meubles du château n'y attirait pas quelques marchands. Je ne sais si le même silence règne dans les bois qui avoisinent le château, car nous en sommes trop loin pour en entendre les rossignols. Nous en jouirons un jour dans notre ermitage, dont le séjour pour deux cœurs qui s'aiment est mille fois préférable à celui des châteaux. Chantilly, jadis le séjour des plaisirs bruyans et de la magnificence, est dans un état qui fait pitié; je vais et viens dans ses somptueux appartemens, dont les bronzes, les porcelaines, les tableaux, les dorures, les riches tentures gisent par terre sur les parquets, pour être successivement transportés dans la salle d'encan, et livrés aux avides fripiers.

Je sens de plus en plus, par votre absence, combien vous êtes nécessaire à mon bonheur.

Pouvez-vous en dire autant de la mienne ? et si vous en êtes touchée, à qui vous en plaindrez-vous, si ce n'est à moi ? Mais n'insistons pas; je suis toujours disposé à croire que l'objet que j'aime a plus de raison que moi. Adieu, ma bien-aimée, souvenez-vous que ma foi est aussi tendre que constante. Malgré vos retardemens, je vous embrasse de tout mon cœur.

Chantilly, ce samedi 4 avril 1793.

N° 7.

✻

A SA PREMIÈRE FEMME.

Vous n'aimez pas, mon amie. S'il est vrai que vous m'ayez donné votre cœur, pourquoi, quand j'arrive le soir fatigué des affaires du jour, n'avez-vous pas un petit mot de lettre qui renferme les pensées du jour ou celles de la nuit? Souvent la société ou vos affaires m'empêchent de vous parler en particulier. Peut-être n'avez-vous plus rien à me dire? C'est vraiment là ce que je crois. Mais si votre cœur se tait, ne pouvez-vous faire parler votre esprit? Pourquoi, par exemple, ne me dites-vous rien de Thompson? Je voudrais savoir quels sont les endroits de ce poëte de la nature qui vous ont fait le plus de plaisir. Vous attendez, pour m'écrire, que je vous écrive moi-même, quoique vous sachiez bien que je me trouve dans un tourbillon d'affaires qui m'en ôtent le loisir. Quand je vous écris, vous laissez de trop longs intervalles entre vos réponses. Avez-vous besoin de chercher ce que vous avez à me dire, et votre cœur ne doit-il pas être intarissable, si vous aimez.?

Je voudrais bien aussi que vous prissiez du goût pour la campagne en toute saison. Vous ne voyez pas les orages qui s'élèvent sur notre horizon et qui rempliront long-temps la capitale de trouble : s'il y a quelque repos à espérer, ce n'est qu'aux champs. Pour moi, je l'avoue, je ne peux, même dans des temps calmes, me promettre de bonheur ailleurs. C'est là que je désire, fatigué des agitations de la vie, mettre en ordre quantité de matériaux, et ne m'occuper que de ce que la nature a de plus doux, en me reposant au sein d'une compagne chérie. C'est là où, si l'auteur de la nature bénit notre union, je veux élever les fruits de nos amours. Dites-moi, Félicité, ne comptez-vous pas les élever vous-même? C'est le premier de vos devoirs de mère, et ce doit être le plus doux de vos plaisirs. Si vous ne concentrez pas, jusqu'à présent, toutes vos vues dans le bonheur domestique, quel sera le vôtre quand cette flamme légère et volage que vous appelez de l'amour sera évaporée, et que les infirmités de l'âge viendront assaillir votre vieil ami? Vous ne pourrez supporter aux champs ni son hiver ni celui de l'année.

N° 8.

✳

A SA PREMIÈRE FEMME.

On ne peut être heureuse, mon amie, qu'au sein de la nature. Plus vous vivrez, plus vous serez persuadée de cette vérité. Nous vivons dans un temps malheureux. Je ne veux pas troubler votre raison par la perspective de l'avenir. Mais qu'est-ce qui vous manquera à la campagne pour y passer des jours agréables ? Vous serez dans le voisinage de vos parens. Vous habiterez une demeure charmante par sa situation. Vous pourrez vous y occuper tantôt de la lecture, tantôt des soins si doux d'une jeune mère de famille. Je ne vous parle pas de moi, mais je mettrai mon bonheur à faire le vôtre. Lorsque mes affaires me forceront d'être à Paris, je vous écrirai fréquemment. Vous serez la récompense de mes travaux; je viendrai oublier dans votre sein les troubles de la ville. En attendant que je puisse vous avoir habituellement auprès de moi comme ma compagne, j'irai passer des semaines, des mois entiers avec vous. Voici mon plan de vie. Je me lèverai le matin avec le soleil. J'irai dans ma bibliothèque m'occuper de quelque étude intéressante. J'ai une multitude de matériaux à mettre en ordre. A dix heures, un déjeuner que vous aurez préparé vous-même nous réunira. Après déjeuner, je retournerai à mon travail. Vous pourrez m'accompagner si les soins du ménage ne vous appellent pas ailleurs ; je suppose que vous vous en serez occupée le matin. A trois heures, un dîner de poisson, de légumes, de volaille, de laitages, d'œufs, de fruits produits par notre île, nous retiendra une heure à table. A quatre heures jusqu'à cinq, du repos, un peu de musique. A cinq, lorsque la chaleur sera passée, la pêche ou la promenade dans notre île jusqu'à six. A six, nous irons voir

vos parens et promener dans le voisinage.
A neuf heures, un souper frugal.

A propos, mon enfant, dites-moi donc quel était votre dernier rêve? Ne l'ai-je pas deviné? dites-moi la vérité ?

Songez que notre chaumière doit être l'époque de notre félicité. Hâtez donc les travailleurs et leurs surveillans. Que Dieu répande sur vous toutes ses faveurs.

BERNARDIN DE SAINT-PIERRE.

N.° 9.

✻

A SA PREMIERE FEMME.

Vos sentimens, ma chère Félicité, me remplissent pour vous de la plus parfaite estime et de la plus tendre amitié. Vous avez mal jugé des miens. Je vous proteste que je vous ai fait entrer pour une portion de mon bonheur dans les plans de retraite et de repos dont j'aimais à embellir mon avenir. C'est dans cette intention que j'ai désiré une correspondance intime avec vous, afin que nos ames pussent se connaître et se convenir. Mais les malheurs publics portés à leur comble m'empêchent de m'occuper de mon bonheur particulier. Je vais à Paris pour tâcher de sauver quelques débris de ma faible fortune d'une anarchie dont les progrès augmentent chaque jour ; je pourvoirai aussi aux devoirs de ma place, et si je peux me préparer quelques semaines de repos, je viendrai en jouir dans votre retraite. Je vous exhorte, en attendant, à rester ici, et à servir de consolation à votre bonne maman : faites-lui quelque lecture amusante. Si vous aviez votre harpe, ce serait pour vous deux une agréable distraction ; mais votre propre tranquillité sera le plus agréable concert que vous puissiez lui donner. Calmez-vous, et soyez sûre que la Providence qui veille aux destins des moineaux, veille aussi à ceux des empires.

Je saisirai les moyens les plus convenables pour vous donner de mes nouvelles, et soyez bien persuadée du plaisir que me feront les vôtres. Comptez invariablement sur ma plus tendre amitié.

N° 10.

※

A SA PREMIÈRE FEMME [1].

Je t'envoie, ma chère amie, un fil de fer pour mon locataire, le sac de nuit de ta mère, des pommes de terre et des betteraves que tu n'aimes guère, mais que le besoin peut te rendre agréables. Si tu peux les partager avec le citoyen M... jeune, tu me feras plaisir. En ce cas, tu enverras Madelon les porter, et tu lui remettras aussi le fil de fer destiné à déboucher les conduits de puits de ma maison, en la chargeant de plus de nos complimens

---

[1] Après le mariage.

pour mes hôtes : ce qui ne la fatiguera pas beaucoup.

Le jour même que je t'ai envoyé ma lettre, j'ai reçu ton paquet de clous, commission presque manquée par la faute du menuisier qui a bien marqué les longueurs de ses clous d'épingle, mais non les grosseurs : il les faut de même longueur; mais la moitié moins gros. Fais-moi donc le plaisir de m'en acheter de cette qualité; il suffira en tout d'une livre et demie. Tu y joindras deux livres de *pointes à fiche* pour mon serrurier, c'est-à-dire une livre de petites et une de plus grandes. Rappelle-toi aussi la demande précédente de six livres de pointes pour clouer les plafonds, pour mon peintre; car il serait, je pense, difficile d'en avoir dix livres.

Voilà des commissions qui ne conviennent guère à une jeune femme, mais ton bon esprit te rend propre à tout. Je te regarde comme la meilleure partie de moi-même; j'aime à me reposer sur toi, surtout de ma mémoire que je perds insensiblement. Je n'ai su retrouver ici plusieurs choses que j'y avais laissées, ce me semble. Te souviens-tu combien j'y avais de mouchoirs? il n'y en avait ici que onze. Tu me diras tout cela à ton retour que tout le monde désire, et ton papa particulièrement.

Tout le monde s'empresse à me demander de tes nouvelles, et tout le monde me félicite de tes indispositions. Reviens donc habiter ces lieux paisibles que je prends plaisir à arranger pour toi. Toutes mes plantations sont faites. La cabane de ton bain est toute arrangée; j'espère dans peu de jours y avoir un courant d'eau bien pure, et un pont avant la fin de la décade. Quant à la maison, on pose la boiserie de la cave du midi, on travaille à force à l'escalier, et avant peu j'aurai des chambres qui auront des portes.

Tous ces travaux m'occupent du matin au soir, non sans quelques soucis; viens les dissiper. Si tu es encore incommodée, je te donnerai le bras dans nos promenades : la verdure de la prairie, la gaîté des oiseaux, les moutons qui paissent l'herbe nouvelle au haut de la colline, les doux contours de la vallée dont les saules fleurissent, valent mieux pour te distraire que les spectacles bruyans de la Capitale. Viens embellir notre hameau de ta présence. Gaie, tu me réjouis; mélancolique, tu m'intéresses; tu es toujours sûre de me plaire.

Viens, mon amie; si tu souffres, je partagerai tes maux par mes consolations, comme j'ai partagé tes plaisirs par mes jouissances. Nous élèverons ensemble nos cœurs vers celui qui distribue à tous les hommes les deux tonneaux. Nous le prierons dans un temple où tout parle de lui, et où il ne refuse aucun des biens nécessaires aux cœurs pénétrés de son existence.

Je me hâte de terminer ma lettre. Le citoyen N...., qui part pour Paris, se charge de te la remettre. N'oublie pas nos amis communs. Bien des amitiés à nos frères et sœurs, au citoyen B...., à son épouse, à la chère Henriette. Embrasse ta chère maman pour moi, et détermine-la à revenir promptement. Je t'embrasse de toute mon ame.

DE SAINT-PIERRE.

Essonne, ce 10 ventose an II.

Il n'y a pas du tout de sucre ici. Fais-moi parvenir une livre de cassonade.

N° 11.

✻

A SA PREMIERE FEMME.

Essonne, ce 14 ventose an II.

Ma maison est toute carrelée à l'exception de la salle à manger; les perrons sont faits, les croisées posées presque partout. Il y a encore quelques travaux pour les terrasses et des difficultés de la part des ouvriers. Mais ce sont des maux ordinaires et dont le nombre diminue avec mes travaux de jour en jour.

Viens égayer ta santé au milieu de nos

prairies qui sont du plus beau vert, et au pied de ces collines plantées de vignobles que Bacchus enlumine déjà de sa teinte pourprée.

Viens chanter sur des rives non moins agréables que celles du fleuve Inachus :

« C'est sur ces bords, où par mille détours,
» Inachus se plaît à prolonger son cours. »

Plus constante et plus aimée que sa fille volage, viens joindre les accens de ta voix à celle de l'alouette. Devance l'hirondelle, toi qui dans mon automne m'as rappelé au printemps de la vie. Oh! quand pourrai-je te voir, assise à mes côtés et allaitant le fruit de nos amours, m'inspirer des pensées douces comme ton lait et dignes des enfans de ma patrie auxquels j'ai consacré mes dernières veilles.

Tu trouveras ici tout ce qu'il faut au bonheur : bon air, doux exercices, vues charmantes, nourriture saine, laitages abondans, et un ami qui met sa félicité à te rendre heureuse. C'est pour te confirmer ces sentimens que j'écris à la hâte ces lignes, et c'est pour les mettre en exécution que je termine cette lettre. Je vais faire planter et achever de décorer tes promenades champêtres.

Je t'embrasse de tout mon cœur, ma chère Félicité.

DE SAINT-PIERRE.

N.° 12.

✳

A SA PREMIÈRE FEMME.

Essonne, ce 17 ventose an II.

J'AI reçu mon paquet de clous plus tôt que je ne l'espérais et bien à propos comme tout ce que tu fais. J'espère, mon amie, que tu mettras le même soin à remplir mes autres commissions et que j'aurai le plaisir de recevoir bientôt de tes mains tout ce qui me manque. Tu ne me parles point de ton prochain retour, ce qui me fait penser que tu souffres toujours. Ta réponse à ma lettre était bien courte. Tu es donc toujours affectée de la mélancolie;

c'est un mal que j'éprouve moi-même, mais que ta société dissiperait.

Prends de l'exercice et profite au moins des beaux jours que la nature promet à la ville et qu'elle nous donne à la campagne. Oh! que j'en jouirais agréablement, sans les soucis de nos travaux, en pensant seulement à toi! Tu me demandes de recevoir fréquemment de mes lettres afin de te faire passer le soir quelques momens agréables, mais je peux bien t'en dire autant, à toi qui me fais des réponses si courtes. Pour moi, mes affaires consumant tout mon temps, je ne vis que dans l'avenir. Tu es cependant, au milieu des sollicitudes que me donnent la lenteur ou la disette d'ouvriers ou de voitures, le terme où je fixe toutes mes jouissances. Travailler pour toi, c'est plus que t'écrire. Comment d'ailleurs le faire d'une manière qui te soit agréable, avec mille distractions déplaisantes? T'en faire part serait redoubler ta mélancolie; vis contente, ma Félicité, je serai heureux de ton bonheur. Passe ces crises accablantes qui accompagnent les premiers temps de toutes les grossesses, comme les giboulées du mois de mars qui précèdent la saison des fleurs et des fruits. Tout se contraste dans la nature, la douleur et le plaisir, l'hiver et le printemps.

Adieu, mon joli mois de mai. Songe que tu m'es doublement chère. Supporte donc un mal qui doit faire notre bonheur commun ; si je calcule bien, tu n'as pas pour plus de trois ou quatre jours de mélancolie. Je dissiperai la mienne en pensant à toi. Adieu, reviens bientôt dans mes bras, tu es nécessaire à mon bonheur.

De Saint-Pierre.

N° 13.

※

A SA PREMIÈRE FEMME.

Je t'écris, ma chère amie, pour te recommander de te tenir bien chaudement ainsi que ton enfant et ta mère. L'école Normale s'ouvrira demain pour moi; j'y passerai pour lui dire bonjour et en prendre congé jusqu'à ce que je puisse lui présenter quelques pages qui méritent son attention.

Prie ton père de surveiller les travaux de Cadet. C'est moi qui ai fait dire au jardinier de ne travailler que quand je serai revenu.

Porte-toi bien, ma chère amie; je compte t'embrasser quintidi. Si pendant mon séjour il y avait ici quelque emplette qui te fût agréable, dis-le moi, je tâcherai de te satisfaire. J'aurais bien acheté une poupée pour Virginie, mais ses mains ne peuvent encore rien saisir; d'ailleurs, je veux que les premiers objets qu'elle maniera soient naturels, c'est-à-dire des fleurs ou des fruits. Quand je rapporterai mon traité, ce qui, j'espère, sera dans deux mois et demi, nous irons tous ensemble à Paris.

Adieu, je t'embrasse de tout mon cœur ainsi que nos chers parens.

DE SAINT-PIERRE.

Paris, ce 2 pluviose an III de la république une et indivisible.

N° 14.

✻

À SA PREMIÈRE FEMME.

Paris, floréal an III.

Je suis arrivé, ma chère amie, en bonne santé. Mon premier soin a été de prendre des informations sur l'école Normale. Elle doit finir dans le courant de floréal, je tiendrai ma première séance demain duodi, et alternativement tous les deux jours. J'espère que, dans le cours de la décade prochaine, je pourrai être de retour à Essonne et y continuer mes travaux, s'ils agréent.

J'ai été aujourd'hui chez le citoyen A....,

malade depuis cinq jours et convalescent. Sa maladie et d'autres circonstances ont empêché qu'on entame mon affaire avec mon contrefacteur. J'ai vu plusieurs de tes parens.

Au reste, je suis très-occupé. Je trouve cependant le repos dans une maison fort peuplée, car j'y vis seul, faisant moi-même mon lit. Je dîne à l'auberge et je mange un morceau chez moi le soir et le matin. Profite du retour de la voiture pour m'envoyer un pain, et s'il se peut, un petit panier ou hotte rempli de pommes, afin que j'en puisse distribuer à quelques amis.

En rentrant chez moi ce soir, j'ai appris que le citoyen Didot Autan venait d'éprouver un grand sujet de chagrin. Il a renvoyé hier au soir son domestique François, avec quelques paroles dures, et ce matin on a trouvé ce malheureux qui s'était pendu dans sa chambre. Quelque raison qu'on ait de se plaindre d'un serviteur, il est de l'humanité de le traiter avec bonté. Quand on est obligé de faire du mal, il en faut faire le moins possible.

Pour sortir de ce triste sujet, je vais te parler des graines que je t'envoie et qui demandent à être semées incessamment.

Fais semer les capucines en bordures et par bouquets vers le pavillon, sur le massif de terre à gauche du pré en face de la maison, de sorte qu'en grimpant, les tiges puissent s'accrocher aux arbrisseaux qui sont sur la crête. J'en excepte les arbres et arbrisseaux à fruit. Tu feras mettre pareillement dans ces mêmes lieux, ainsi que dans le petit jardin en avant du pavillon, des haricots d'Espagne qui grimpent fort haut.

Tu feras mettre aussi sur couche des grains de potiron et de concombre. Pour cet effet, tu engageras Ricour ou même sa fille à prolonger la grande couche avec le tas de fumier qui est au bout, et on le couvrira avec quelques brouettées de terre prises derrière la maison de Ricour. Ricour s'en excusera peut-être sur ce qu'il n'a jamais fait de couche; mais pour l'y décider, tu lui feras présent de ma part d'un des deux paquets de graines de carotte, en lui promettant d'ailleurs de le payer de son temps. Quant à l'autre paquet, sa fille le sèmera incessamment dans mon terrain.

Je m'étends, mon amie, un peu au long sur ces instructions, parce qu'il est urgent de profiter du temps des semences qui commence à se passer. D'ailleurs, une femme d'un bon esprit, comme toi, une mère de famille, une maîtresse de maison, doit savoir que le jardin est la base la plus assurée de la cuisine, et que dans ce temps-ci on ne doit pas perdre un pouce de terrain.... Engage donc Ricour à continuer ses labours, et fais-y travailler Geneviève deux heures par jour. Quelques bonnes paroles feront encore plus que l'intérêt.

Je ne peux t'en écrire plus long pour le présent. Tâche de trouver de nouvelles farines pour Fidèle, car il faut bien ménager les pommes de terre pour nous-mêmes.

J'espère recevoir des détails sur ton emménagement si tu as été assez hardie pour l'entreprendre en mon absence. Embrasse pour moi ton père, ta mère et notre chère enfant; je t'embrasse de tout mon cœur, demain au soir je te rendrai compte de mon début.

Adieu, ma bien-aimée.

DE SAINT-PIERRE.

N.º 15.

A SA PREMIERE FEMME.

Quand tu m'enverras un nouveau pain, ma petite mère nourrice; donne-m'en avis et j'irai le chercher moi-même au bureau, car son arrivée fait ici une sensation qui m'est désagréable. Je suis entouré d'affamés. Si j'ai quelques vivres, il faut que je les cache. J'en fais cependant part, même dans les auberges où je mange et où je trouve des gens pâles et défaits, qui quelquefois n'ont pas mangé de pain de trois jours, et qui soupirent en voyant mon morceau, car l'on n'en trouve presque plus dans les auberges même où on le vend 6 francs la livre. Je te conjure de ne rien négliger pour faire planter incessamment des graines farineuses, car ce temps peut empirer. Fais donc planter des haricots flageolets tout le long de ma haie. Ils viennent vite, ne s'élèvent pas haut et ne craignent point les rats. Fais observer un bon pied de distance à droite et à gauche des petits arbres. Fais planter aussi, sur la crète des fossés, des asperges. Fais mettre des haricots d'Espagne tout le long de la langue de terre au-delà du pavillon sur l'eau. Ils font en grimpant une charmante décoration et produisent un très-bon légume.

J'ai tenu hier ma seconde séance [1]; si les suivantes me sont aussi favorables, je serai bien récompensé de mes travaux laborieux de l'hiver : j'ai été comblé d'applaudissemens. Il ne manque rien à mon bonheur que de t'en avoir pour témoin. Tout le monde te désire ici. C'est une satisfaction que je voudrais bien me procurer, si la pénurie n'était plus grande que je ne te peux dire. D'ailleurs, dans ce moment, tu es bien nécessaire pour l'ordre

---

[1] A l'école Normale.

du jardin et de la maison. Je parlerai septidi et nonidi. J'emploierai les deux jours de repos à nos commissions. J'ai beaucoup d'affaires littéraires qui me consument mon temps. Mais j'oublierais plutôt mes propres intérêts que d'omettre rien qui puisse t'être agréable. Je t'embrasse de tout mon cœur, mère vertueuse, aimable compagne. J'ai appris avec bien du plaisir de Robert que tu te plaisais dans ton nouveau logement. Embrasse pour moi notre chère enfant et ta bonne mère, ainsi que ton digne père. Je vous embrasse tous de toute mon ame.

Ton meilleur ami,

DE SAINT-PIERRE.

Paris, ce 5 floréal an III.

N.° 16.

✻

A SA PREMIERE FEMME.

Les applaudissemens vont toujours en augmentant, ma chère amie, mais aussi les murmures par un effet des compensations des choses humaines. Il y a des journaux qui me comparent à Caton et à Aristide; d'autres disent, au contraire, que j'ai reçu une pension du clergé, que j'ai épousé à soixante-huit ans une fille de dix-huit ans et demi[1], et qu'au lieu d'une chaumière j'ai bâti un temple à l'amour.

[1] Bernardin de Saint-Pierre avait 55 ans et sa femme 22.

Dans ce moment, je reçois par la voiture ta lettre en date du 8, où tu ne me parles point d'un paquet que je t'ai envoyé le 7 par Duchâteau. L'école est supprimée pour le 30 de ce mois, et il y a apparence que je resterai jusqu'à ce terme pour achever de lire mes cahiers, plus longs que je ne les croyais. Ainsi, j'aurai le temps de faire tes commissions. Au nom de Dieu, ne néglige point mon jardin, bien aisé à soigner, puisqu'il ne s'agit que d'y faire planter des haricots flageolets le long des haies, et de Soissons dans les carrés, autant que j'aurai de rames, malheureusement devenues nécessaires pour les pois que les rats dévoreront. Songe que les subsistances vont devenir de la plus grande rareté. Pourquoi te charger d'un porc, lorsque nous n'avons pas de quoi nourrir le chien en pommes de terre, ni peut-être même les domestiques et les maîtres ? Au reste, songe à employer Geneviève à labourer, car les journées de Ricour le père sont à un prix excessif. Pendant que tu peuples la basse-cour sans vivres, je m'occupe à donner à ma pièce d'eau des habitants qui ne sont pas dispendieux. Je vais acheter du frai de carpes et de tanches. Demande à ton père si la voiture pourrait se charger du tonneau dans l'un de ses voyages.

Mon amie, j'ai beaucoup d'affaires, un procès contre mon contrefacteur ; il n'est pas encore entamé, parce qu'il y a des formalités qui exigent de moi des courses, des sollicitations et des écrits, ainsi que mon mémoire à régler pour le service. Une multitude de visites et de lettres que je reçois à l'occasion de mon cours de morale, tes commissions, les miennes, ne me laissent pas un moment de repos. Ajoutes-y la revue de mes épreuves pour une édition si long-temps retardée, et qu'il m'importe de faire paraître avant la clôture de l'école Normale. Dans ce moment, le voiturier qui m'a remis ta lettre va repartir, et je n'ai que le temps de te recommander ton enfant et mon jardin, et de te recommander toi-même à ton père et à ta mère. Je vous embrasse de tout mon cœur.

De Saint-Pierre.

Paris, ce 10 floréal an III.

Demande à ton papa s'il ne voudrait pas aussi des petites carpes, et en quelle quantité. Le même tonneau nous servirait pour le transport.

N° 17.

✱

A SA PREMIÈRE FEMME.

Je reçois avec plaisir, ma bonne amie, des marques de ton souvenir. J'ai un grand empressement de te revoir. Je compte vendredi avoir le plaisir de t'embrasser, ainsi que notre cher enfant ; mais n'oublie pas le chapitre des événemens, quoique je n'en prévoie aucun qui puisse retarder mon départ. Je sais que ton inquiétude est égale à ta sensibilité ; il faut conserver ta philosophie que souvent une bagatelle peut troubler, si elle est imprévue. En pensant à mon oranger, je me suis dit plus d'une fois : Il est sujet à la gelée ; et à mon jardin : Les mauvaises herbes croîtront avec les bonnes. Nous nous ferons un amusement de remédier à ces petits maux, car il ne faut qu'une petite vertu pour les supporter. A Dieu ne plaise qu'une chenille ou un brouillard trouble ta tranquillité! Je vais m'occuper des nouvelles commissions que tu me donnes pour les premiers mets de Virginie. Je suis charmé du contentement que te donne ta nouvelle cuisinière. Un bon serviteur est un bon ami. Adieu, ma bien-aimée, le temps et la poste me pressent. Je t'embrasse de tout mon cœur.

De Saint-Pierre.

Paris, ce 23 floréal an III.

N° 18.

A SA PREMIÈRE FEMME.

Hier, ma troisième séance. Les applaudissemens ont continué, mais moins fréquemment qu'aux deux premières; celle-ci était cependant la plus importante, puisqu'elle renfermait mon plan, ouvrage de trois ans de méditation; mais elle avait plus besoin d'être étudiée que lue. D'ailleurs, le grand nombre partout ne veut que des détails qui l'amusent; d'autres sont en garde contre les systèmes nouveaux. Cependant, si les complimens n'ont pas été si nombreux, ils m'ont paru plus sincères. L'un m'a demandé ma parole de prendre son fils pour mon secrétaire, quand il serait en âge; l'autre s'est déclaré mon disciple; plusieurs m'ont prié instamment de faire imprimer mes leçons à part ; un autre m'a dit : Nous étions cannibalisés, vous nous avez humanisés. Un bon nombre demandait à me venir voir dans mon logement. Je me suis défendu par des inclinations de tête. Enfin, j'étais assez embarrassé et du présent et de l'avenir pour un ouvrage qui n'est pas encore à moitié, lorsque j'ai appris, avec un plaisir secret, que l'école Normale finissait ses séances le 24 de ce mois ; ainsi, ce sera elle qui me quittera.

Tout va bien; il suffit de se reposer sur la Providence. J'aurai donc le plaisir de revoir bientôt ma chère solitude et ma digne compagne; le séjour de Paris me peine, je ne vois que des spectacles de douleur : un pain excite l'envie plus que le succès d'un ouvrage parmi des auteurs ; voilà pourquoi je t'avais prévenu de faire rester le mien, bien empaqueté, à la messagerie, où, sur ta lettre d'avis, j'aurais été le chercher la nuit. Imagine-toi que l'on compte mes morceaux. Dès qu'on sait que j'ai un pain, on me trouve très-heureux : nous n'en avons, disent-ils, qu'un quarteron par tête. Cependant, j'use du mien le plus généreusement possible; j'en fais aussi souvent une petite part à quelque infortuné, élève de l'école, qui, à l'auberge, se plaint de n'en avoir pas mangé depuis trois ou quatre jours, ou dans quelque maison où l'on me retient à dîner, et où, pour cinq ou six personnes, il n'y a quelquefois qu'une livre de pain, dont la moitié est réservée pour le souper. J'ai trouvé le moyen d'avoir une carte qui m'en donne un quarteron par jour, que je laisse à la famille Bailly : j'y joins quelquefois des pommes de terre, et je compte lui laisser ma carte pour la viande; mais les gens affamés comptent moins ce que vous leur donnez, que ce que vous vous réservez. L'hospitalité est suspecte; on vous invite volontiers dès qu'on sait que vous avez du pain de la campagne : aussi je ne mange guère qu'à l'auberge, où un repas qui m'eût coûté autrefois 30 sous, me coûte 8 à 9 francs sans le pain. Le soir, je soupe avec quelques pommes, et j'y ajoute un verre de vin. J'en ai pris quatre bouteilles de la cave, qui, j'espère, me dureront pendant mon séjour, quoique j'en aie employé une pour ma bienvenue chez le sieur Bailly. Je le ménage plus que s'il était à moi. Toutes ces considérations, mon amie, me font désirer mon retour et la culture de mon jardin. N'y laisse pas un pied de terre qui ne rapporte; je t'en conjure, profite de la saison, les temps deviendront encore plus malheureux.

De Saint-Pierre.

8 prairial an III.

N.° 19.

✻

A SA PREMIERE FEMME.

Essonne, 6 vendémiaire an IV.

Je sens, ma chère amie, que tu manques déjà à mon bonheur. J'attendais hier de tes nouvelles, je n'en ai point encore aujourd'hui. J'ai des inquiétudes à ton sujet et pour ton papa : on m'a dit, depuis ton départ, qu'il était fort mal; je me confirme dans cette idée par le long séjour de ton frère Saint-Léger à Paris. Si ton père est malade, ton affection pour lui augmentera ton indisposition. Je ne peux trouver à qui parler de mes peines, et je dois les cacher surtout à ta mère. Un mot de lettre de ta part aurait calmé toutes mes sollicitudes, et ton silence les augmente.

J'ai couché la nuit de ton départ seul dans ma maison, Catherine étant allée reposer chez sa mère, malade de la fièvre. Hier, après dîner, je suis rentré chez moi et me suis couché de bonne heure, sans souper. J'attends de tes nouvelles à l'arrivée des voitures : s'il en arrive, je t'y ferai réponse. Celle-ci partira à tout événement aujourd'hui, pour te réitérer les assurances de ma tendre et constante amitié ; sois l'interprète de mes sentimens auprès de ton père et de ma chère enfant : embrasse-les tous deux pour moi.

Comme je ne doute pas, quoi qu'en ait dit le chirurgien, que ton lait ne t'ait tourmentée dans le voyage, si tu ne peux vaincre sa fougue, n'hésite pas à allaiter ta fille; le remède est auprès de toi, son sevrage n'en sera qu'un peu retardé.

Mon amie, il n'y a qu'un être qui ne nous trompe point, qui seul mérite notre confiance, qui nous donne le bon esprit pour diriger notre santé et nos affaires : c'est Dieu. Je le prie de venir à ton secours.

Je t'embrasse de tout mon cœur comme ton cher et meilleur ami, ma chère épouse.

Ton ami,

De Saint-Pierre.

Mes amitiés à nos amis communs.

N°. 20.

✼

A SA PREMIÈRE FEMME.

MA bonne amie, j'attends ton retour avec impatience, ainsi que celui de ton père. Ton frère Saint-Léger a fait entendre à ta mère que ce qui retardait sa convalescence était le retardement même de ses affaires. A cette occasion, elle m'a parlé de l'acte que ton père a fait signer à tes frères; je lui ai dit que j'avais toujours été disposé à suivre leur exemple sur ce point, d'autant que je n'ai jamais eu aucune prétention sur la papeterie, ni sur la succession de personne; que je ne me croyais en aucune manière le droit d'empêcher ton père de disposer de son bien comme il l'entendait ; que je croyais à Saint-Léger, ton frère, des droits de préférence sur la propriété de la papeterie, par les soins qu'il y donnait depuis long-temps ; que ton père ne voulait pas faire tort à ses autres enfans ; qu'il n'y avait qu'une clause qui me semblait n'avoir pas été prévue : c'est que si ton frère Saint-Léger fait des bâtimens ou autres constructions pendant la jouissance de son bail, il sera fondé à répéter le remboursement de ses avances en argent, tandis qu'il en aura fait la dépense en assignats de peu de valeur, car je suppose qu'à l'époque du remboursement le papier n'aura plus cours. Peut-être a-t-on prévu cet événement dans le bail de la papeterie ; mais il n'en est point question dans l'acte de vente et de cession de propriété.

Communique à ton papa ces réflexions, et assure-le en même temps qu'elles n'ont retardé en rien ma signature, que j'ai offert plusieurs fois à ta mère de la donner ainsi qu'à lui, et qu'elle me paraît maintenant disposée à la recevoir et à y ajouter la sienne. Nous ne désirons que le contentement de ton papa et son rétablissement : j'y ajoute son retour ainsi que le tien et celui de notre chère Virginie. Le ménage va mal depuis ton départ : le chien a mangé le coq, le vent jette bas les pommes, Catherine va en vendange, ne vient que le soir souper et retourne coucher chez elle; elle m'a prévenu qu'aujourd'hui excepté, elle ne viendrait plus du tout à cause des travaux de sa vigne et de sa maison, sa mère étant malade. Je suis donc tout seul, pensant souvent à toi.

Vendémiaire an IV.

N° 21.

✱

A SA PREMIÈRE FEMME.

Ton papa, mon amie, a passé une bonne nuit; il me dit qu'il est plus tranquille. Le médecin doit passer cette après-midi, et si la fièvre ne le reprend point comme avant-hier, il changera quelque chose à son régime, afin de le fortifier.

Je n'ai que le temps de t'assurer de mon amitié. Malgré mes courses et mes écritures, mes affaires ne finissent point. Je vais faire aujourd'hui celle que j'ai vers le faubourg Saint-Marceau, ce qui m'engagera à dîner chez ton oncle qui m'a invité.

Tu peux croire que je ferai mon possible pour amener à une réconciliation. Ton papa m'a paru n'avoir point de ressentiment contre ta mère; je ne doute pas que, si sa santé se raffermissait, son amitié ancienne ne se réveillât. J'ai toujours soin, en lui parlant de ta mère, de lui parler de toi. Par exemple, je lui dis qu'en t'écrivant tous les jours je fais un grand plaisir à toutes les deux. Je vous accouple tant que je le peux; puissiez-vous l'être tous d'affection ! Mais, pour mon compte, certaines avances de ma part ne font que rendre certains esprits encore plus revêches. Enfin, mon amie, je croirais avoir bien réussi dans mon voyage si je pouvais rapprocher ce qui ne devait jamais être séparé.

Je vous embrasse tous.

Ton ami,

DE SAINT-PIERRE.

Paris, ce 24 brumaire an IV.

N'oublie pas d'envoyer du pain. Je pourrai t'écrire demain le jour de mon retour.

N° 22.

✳

A SA PREMIÈRE FEMME.

Ce 13 frimaire an IV.

On s'est trop pressé, mon amie, en t'écrivant de venir. Ton papa se trouvait mieux ce soir, et il a passé une assez bonne nuit. Il est dans un état à laisser encore long-temps à craindre et à espérer. J'ai débuté hier, étant tête-à-tête avec lui, par lui témoigner le désir ardent que ta mère et toi avaient de le voir, car de son côté il avait commencé par me demander comment on se portait; mais il n'a répondu que ces mots à mes sollicitations : « Si elles viennent ici elles me donneront le coup de la mort. » C'est ce qu'il m'a répété plusieurs fois. Je lui ai dit : « Vous n'avez rien à objecter à votre fille ? — La sensibilité, » m'a-t-il dit. C'est la même objection pour sa femme ; car il ne veut que son bonheur, et il veut lui en donner des preuves à son retour à Essonne. Il désire ardemment la campagne. A cette occasion, je lui ai parlé de la procuration de R.... Il m'a dit qu'il avait donné ordre de la faire en mon nom.

Mon amie, il est bien à propos que tu ne viennes pas ici dans ce moment ; je reviendrai à la charge pour ta mère, mais je n'espère pas réussir.

Je t'écris à la hâte, car j'attends du monde.

Recommande à Catherine d'enfouir le fumier dans la terre en labourant ; c'est une opération essentielle.

Je te prie, pour l'amour de moi et de notre enfant, de prendre soin de ta santé. Je te manderai des nouvelles de l'Institut quand j'en saurai. Les lettres sont mises à la poste ; porte-toi bien, conserve avec ta mère la concorde. Deux faibles arbrisseaux se supportent dans les orages et y résistent.

Je vous embrasse toutes les deux de tout mon cœur.

Ton ami,

De Saint-Pierre.

Il paraît un décret favorable aux propriétaires qui ont affermé; c'est qu'il les autorise à ne pas recevoir leurs rentes jusqu'à nouvel ordre, attendu le discrédit des assignats. J'ai dit cette nouvelle à ton père dans l'espérance de lui faire plaisir; de toutes façons ce décret sera utile à ceux qui ont affermé leurs propriétés.

N° 23.

A SA PREMIÈRE FEMME.

Plus nous perdons d'amis, plus nous devons resserrer les liens de l'amitié avec ceux qui nous restent. Tu n'as pas perdu ton père, mon amie, puisque mon âge, ma qualité d'époux, et la tendre affection que je te porte m'en donnent les fonctions auprès de toi. Mais nous avons tous un père commun, du sein duquel nous sortons et où nous rentrons. C'est celui-là que nous devons invoquer dans nos malheurs; c'est pour obéir à ses lois, que nous devons nous rapprocher non-seulement de nos amis, mais de nos ennemis même, qui après tout sont nos frères.

D'après ces sentimens; je me suis réuni autant qu'il était en moi à tes frères, en leur recommandant une concorde mutuelle; ils ont paru partager mes sentimens; j'espère qu'ils s'étendront à toute la famille. L'état de ta mère m'inquiète et pour elle et pour toi; donne-moi des nouvelles de sa santé et de la tienne. Calme ses regrets, en l'assurant que c'est la crainte de sa sensibilité qui a empêché ton père de la voir.....

An IV.

N.° 24.

✻

A SA PREMIÈRE FEMME.

Il faut, mon amie, tirer parti de ses ennemis pour se rendre meilleur. Leur malveillance nous perfectionne, en ce qu'elle surveille nos défauts. Quand nos ennemis sont nos parens, ils nous sont encore plus utiles, car nous devons croire que nous tenons d'eux par les qualités du tempérament. Il faut donc songer en cela à se réformer soi-même, et espérer que nous pourrons les réformer par notre exemple. Il y aurait de quoi faire sur ce texte un beau discours de morale, dont tu n'as pas besoin.

J'attends le retour de ta mère pour retourner avec elle : ainsi accélère son départ si tu veux me revoir bientôt ; c'est un désir qui s'accroît en moi de jour en jour. Je n'aime point les assemblées. Cependant j'ai ici des amis : chaque jour m'en présente de nouveaux. On m'écrit des lettres anonymes pour me dire les choses les plus flatteuses ; cette bienveillance publique me console des peines domestiques, et une de mes joies est de penser qu'elle me survivra, et que plus durable et plus douce que la fortune, elle protégera un jour ma femme et mes enfans. Tâchons donc de la mériter par notre conduite envers nos ennemis eux-mêmes. Je t'embrasse de tout mon cœur dans l'espérance de te voir bientôt.

Ton ami,

De Saint-Pierre.

N° 25.

✻

A SA PREMIÈRE FEMME.

Quand j'ai le loisir de chercher un moment de récréation, je t'écris, ma chère Pénélope; ton Ulysse est errant au milieu des affaires litigieuses et des hommes insidieux. Malgré les avances que j'ai faites pour me rapprocher de tes frères, ils s'éloignent de plus en plus de moi. Ils paraissent dévoués aux intérêts de celui qui, depuis long-temps, s'est déclaré mon ennemi. Ta cousine Ternois et ensuite ton frère l'imprimeur les ont rassemblés à dîner sans m'y inviter. Il semble qu'ils ne me comptent pas dans la famille. Leur conduite me fait rire; mais elle m'apprend que j'ai fait une imprudence en prenant pour fondé de procuration, le citoyen Prosper qu'ils ont chargé de leurs intérêts, à l'exception de l'aîné qui en a de différens. J'avais sacrifié les nôtres à l'esprit de conciliation. Quoi qu'il en soit, ma procuration ne peut servir que pour l'inventaire, car il sera nécessaire que je te donne une autorisation pour que tu m'envoies ta procuration lorsqu'il s'agira des partages. Mais nous aurons le temps d'y penser et de choisir un homme qui mérite notre confiance. Nous en parlerons à Essonne où je compte te revoir le plus tôt que je pourrai. Ta mère se porte bien, elle est fort contente de la conduite de l'imprimeur. Je la maintiens dans ces sentimens; car ce n'est qu'à toi que je fais part des miens, et seulement pour te rendre compte de mes observations et de nos affaires. Je ne te parlerai pas de celles de l'Institut qui s'organise lentement; quand j'aurai donné ma voix pour nos correspondans, ce qui arrivera le 7, je songerai à revenir auprès de toi m'occuper du grand travail dont tu es ma plus agréable distraction.

Les affaires générales ne m'empêchent pas

de m'occuper des tiennes. J'ai retiré ta montre de chez Fillon, auquel j'ai payé 100 francs de raccommodage. La couturière a fait remettre chez moi ta robe noire et ta robe chinée. Ta tante Charpentier m'a donné pour toi deux paires de semelles pour notre Virginie ; elle doit m'apporter ta bague. J'acquitterai tous ces frais, et si je trouve une occasion plus prochaine que celle de mon retour, je satisferai à tes désirs ; de ton côté remplis les miens, ma petite Pénélope, en me donnant de tes chères nouvelles. Je n'en ai point encore reçu. Adieu, je t'embrasse de tout mon cœur.

Ton ami,

De Saint-Pierre.

Paris, ce 4 nivose an IV.

Je t'ai acheté quelques morceaux d'une terre excellente pour savonner les tabliers.

N° 26.

✻

A SA PREMIÈRE FEMME.

Ta mère est fort inquiète de ta santé et de celle de notre enfant. Elle trouve étrange que tu ne répondes pas. En effet, voilà le huitième jour que je suis parti, la troisième fois que je t'écris : il n'y a que sept lieues de distance, et je n'ai pas encore de tes nouvelles. Je t'excuse sur la négligence de la poste et les mauvais chemins qui ne permettent pas au facteur de se charger d'une seule lettre. Il attend quelquefois qu'il y en ait plusieurs pour se mettre en route. Oui, mon amie, je te crois trop attachée à tes devoirs pour oublier ton mari. Il n'y a point d'idée que je n'adopte plutôt que celle de ton indifférence.

Cependant, mon amie, si tu étais malade, fais-moi donner de tes nouvelles par Élisabeth. Mes affaires n'étant pas près de finir, j'accélérerai mon départ de quelques jours. Mets-toi à ma place, et agis à mon égard comme tu voudrais que j'agisse envers toi.

La levée des scellés et l'inventaire qui devaient avoir lieu il y a quelques jours, sont remis à aujourd'hui. J'attends les fondés de procuration, le notaire et le juge-de-paix. Demain nous procéderons, à l'Institut, à la nomination de nos correspondans. Ces points principaux remplis, je songerai à me rendre auprès de toi, quoique plusieurs affaires importantes dussent me retenir encore à Paris. En attendant le plaisir de t'embrasser, je te recommande à celui qui t'a donné à moi pour être le centre de mon bonheur, et je le prie de me faire coopérer au tien par tous les moyens qui sont en mon pouvoir. Adieu; vis contente et heureuse. Ton meilleur ami,

DE SAINT-PIERRE.

Paris, ce 6 nivose an IV.

N.° 27.

A SA PREMIÈRE FEMME.

Je t'envoie, ma bonne amie, plusieurs articles des emplettes que j'ai faites :

Un charriot, avec son timon démonté, pour Virginie.

Un rouleau de sept aunes et demie de molleton, à 6 livres l'aune.

Ce rouleau renferme dix aunes de nankin de Rouen; plus, une robe de taffetas des Indes : en tout trois articles.

Il y a en outre un fichu brodé pour toi, et un fichu pour Élisabeth. Si tu n'es pas contente de ces objets, tu me les renverras, et on les échangera pour d'autres. Il y a aussi de la toile en échantillon. Si la qualité te convient, tu me demanderas la quantité dont tu as besoin. Il y a dans ce même panier un paquet de bas, un autre paquet de mouchoirs de poche, une poupée pour Virginie, une lampe d'étain, et du pain à cacheter dans un autre : en tout quatre articles. J'y ai mis aussi des figures des *Études*, avec quelques livres, tant brochés qu'en feuilles.

La seconde caisse renferme un chapeau pour toi et un pour moi. Si tu n'es pas contente du chapeau, tu le renverras, et la chapelière, la citoyenne Petit-Jean, qui m'assure qu'il est à la dernière mode, t'en renverra un autre. Aie soin de me renvoyer la caisse par l'occasion la plus prochaine, car elle est au chapelier.

Enfin, un panier contenant six bouteilles d'eau-de-vie, six livres de cassonade, six pots de confitures, deux livres de chocolat, etc.

Je t'envoie la clef de ma chambre et de mon secrétaire, où tu prendras douze louis que tu renfermeras, bien enveloppés et empaillés, dans la caisse du chapelier, avec des pommes dont je voudrais faire quelque petit cadeau.

Ces douze louis serviront à payer mes dettes, ayant employé déjà près de vingt louis, tant pour nos emplettes communes, qu'à renouveler ma garde-robe que je t'enverrai par la même occasion, si on me livre mes habits aujourd'hui. Si tu veux acheter de la toile, tu prendras seize louis au lieu de douze. J'ai encore à acheter différentes choses, et à payer des dettes.

Urgent.—N'oublie pas, ma bonne amie, de faire arroser abondamment l'oranger et de le faire mettre sur le balcon au soleil. Tu garderas mes clefs jusqu'à mon retour qui aura lieu lorsque j'aurai reçu l'argent dont j'ai besoin pour payer nos dettes.

Urgent.—Donne six livres au jardinier Rigault et recommande-lui de planter des choux d'hiver dans tous les endroits du jardin où il y a de la place. Sans cette précaution nous en manquerons cet hiver. Il en est de même du céleri; il y a urgence, car notre jardin est tardif.

Adieu, mon amie, je t'écris à la hâte, tu trouveras plus d'articles que je ne t'en ai annoncé. Mais je suis accablé de courses et de fatigués. On me donne de bonnes paroles, mais je leur préfère celles dont tu te sers pour m'exprimer ton amitié. Je t'embrasse ainsi que nos chers enfans.

Ton bon mari,

DE SAINT-PIERRE.

Paris, ce 11 thermidor an IV.

N°. 28.

A SA PREMIÈRE FEMME.

Je suis inquiet de ta santé, mon amie ; nous voici au 18., il y a huit jours que je n'ai reçu de tes lettres. Tu ne m'as point mandé la réception de plusieurs de tes commissions, et tu ne m'as point envoyé l'argent dont j'ai le plus pressant besoin pour en acquitter une partie. Tu me mets dans un grand embarras. Peut-être l'argent est-il aux messageries. J'y passerai aujourd'hui.

Si tu ne me tires pas d'inquiétude d'ici à demain, je partirai le jour de la décade, laissant plusieurs affaires imparfaites qui m'obligeront de revenir sur-le-champ. Au reste, j'ai accepté les offres de ton frère Saint-Léger et nous avons passé un acte que tu dois ratifier. J'ai eu pour but de terminer des affaires qui n'avaient point de fin; de rapprocher les esprits de la concorde en ôtant les sujets d'intérêt qui les divisaient ; enfin, d'avoir à ma disposition une quantité suffisante de papier pour faire l'édition de mon nouvel ouvrage et une belle édition de mes *Études*. Ce sera là la principale portion du patrimoine, de nos enfans, et, si elle se débite, nous la réaliserons en quelque partie de terre. En attendant, il en résultera de l'aisance pour eux et pour nous. Je viens de choisir des libraires fidèles pour remettre mes *Études* en vente. Je t'en dirai davantage lorsque j'aurai le plaisir de t'embrasser. Adieu, ma chère amie, ne diffère pas un moment de me tirer d'inquiétude.

De Saint-Pierre.

Paris, ce 18 thermidor an IV.

N° 29.

A SA PREMIÈRE FEMME.

Il règne ici, ma tendre amie, une petite vérole fort dangereuse. Le petit Vander vient de l'avoir; la nièce de Louison vient d'en mourir à onze ans, ainsi qu'un père de famille de sa connaissance qui l'a prise de ses enfans qui en sont réchappés. Pour moi, je ne crains point de paraître dans l'autre monde avec la peau tavelée de points rouges comme ta robe de linon; mais je verrais avec bien de l'inquiétude nos chers enfans respirer un air si corrompu. Rien ne t'oblige de revenir à Paris pendant les chaleurs. Attends que les vents du nord aient rafraîchi l'atmosphère. J'irai te revoir aux vendanges, c'est-à-dire un mois plus tôt que je ne me l'étais proposé.

Au reste, je m'en rapporte entièrement à ta prudence maternelle, ainsi qu'à celle de ta bonne maman. On ne voit dans le quartier de Montmartre que des enterremens de petits enfans emportés par cette cruelle maladie. Embrasse pour moi tes tendres nourrissons; préserve, tant que tu le pourras, notre Virginie de toute nourriture animale, dont les sucs augmentent l'alkalescence et la putréfaction des humeurs. Les inoculateurs, tu le sais, préparent les enfans à l'inoculation par trois semaines de régime végétal. Tu peux lui donner de temps en temps un verre d'orgeat et en faire usage pour toi-même. Il est bon pour la poitrine puisqu'il est fait d'amandes douces, et il calme l'effervescence du sang encore mieux que la bierre que tu bois.

Je suis bien fâché d'avoir oublié les deux rouleaux dont j'imagine que tu ne feras point d'usage. Mon rhume me fatigue toujours et ma mélancolie ne me quitte point. Je ne suis heureux que dans la solitude en pensant aux moyens de te rendre heureuse; mais il y en a peu en mon pouvoir.

Je pense que tu auras tout le temps de chercher une bonne. Embrasse pour moi ta maman, ta cousine et nos chers enfans.

Ton bon et sincère ami,

DE SAINT-PIERRE.

Ce 13 thermidor an VI.

N° 30.

✵

A SA PREMIÈRE FEMME.

Ce 15 fructidor an VI.

Les enfans abondent en acides, me disait l'autre jour un habile médecin. Il ne leur faut donc point de limonade pour les guérir du rhume comme à nous. Il ne leur faut point de vésicatoire, c'est les faire souffrir de trop bonne heure. Il faut purger Virginie ; et, afin qu'elle ne s'en aperçoive pas, donne-lui dix à douze grains de jalap dans un lait de poule, elle les prendra sans répugnance, et s'en trouvera bien.

Tu peux l'essayer, ma bonne amie; mais j'espère encore plus la guérison de sa toux du temps, et surtout du régime. Louison prétend que le lait de vache donné le matin à jeun, *sans être passé*, tout chaux et tout écumeux, est souverain pour la toux des enfans. Elle le défend le soir.

Je sais par expérience que des haricots blancs, dans lesquels on a fait cuire une gousse d'ail, guérissent à la longue les toux les plus opiniâtres. On peut en faire manger fréquemment à notre Virginie. C'est d'ailleurs un bon aliment.

Je ne doute pas que les fruits bien mûrs, et surtout les raisins, lorsqu'ils ne sont pas acides, ne soient excellens pour la poitrine.

Essaie donc une purgation et ce régime. Si elle a des boutons c'est un bon signe; l'humeur se porte à la peau. Il faut favoriser cette transpiration avec un peu d'eau de bourrache, dont on peut couper son lait dans la journée; lui donner le soir une cuillerée à café de sirop de coquelicot.

On peut aussi la purger avec du sirop de fleurs de pêcher qui est agréable.

Un peu de chocolat de temps en temps

lui ferait du bien. Surtout point de froid ni d'humidité.

Mon rhume est guéri à peu près, grâces à Dieu. Tu comptes donc, ma bonne amie, passer les vendanges à la campagne? Certes je t'irai voir. Je sens que tu me manques souvent.

Tu me marqueras précisément le jour où l'on commencera à vendanger; car je voudrais, en passant une neuvaine avec toi, me trouver ici le 1er vendémiaire. Puissé-je te retrouver en bonne santé et contribuer à t'y maintenir, pauvre petite mère de famille, toujours occupée de tes enfans! Je t'embrasse de tout mon cœur. Tu ne me dis rien de notre Paul. Je ne saurais aller dans les promenades que je n'entende de tous côtés : « Ne courez pas, Virginie! allons un peu plus vite, Virginie! attends, attends, Virginie!» Il me semble que la génération future, du moins pour les filles, sera ma famille. Les Paul ne sont pas si communs. Je pense que ton cœur maternel sera souvent ému de ces douces appellations. Louison m'a dit que tous ces noms de Virginie venaient d'une chanson qu'on avait chantée il y a quatre ans. Je ne lui ai rien répondu, sachant que nul n'est prophète dans son pays.

Ton ami,

De Saint-Pierre.

J'ai reçu ta lettre hier. Embrasse ta mère et nos enfans.

N° 31.

A SA PREMIÈRE FEMME.

Je suis bien inquiet, ma bonne amie, de ne pas recevoir de tes nouvelles. Je comptais en aller chercher moi-même le 24 de ce mois, mais j'ai un rendez-vous pour les affaires de la succession. En partant le 25, il me faut être de retour ici le 27. J'aime mieux différer jusqu'au 28, afin de passer plusieurs jours de suite auprès de toi. Fais-moi donc, en attendant, un petit mot de réponse.

Embrasse pour moi ta bonne mère dont je partage bien toutes les sollicitudes. Je n'ai pas besoin de te recommander nos enfans.

Notre Virginie est-elle bien obéissante? Je lui apporterai une poupée qui m'a été donnée pour elle. Je la lui remettrai si elle a été sage. Mais comment ne le serait-elle pas? elle sent qu'elle est maintenant pour toi une de tes plus chères consolations.

Henriette va s'occuper du soin de te préparer des haricots pour l'hiver.

Ma chère amie, mets toute ta confiance en Dieu. Il est le grand médecin de la vie, puisque c'est lui qui nous la donne. Il aura pitié des souffrances d'une aussi bonne mère que toi, si nécessaire à tes enfans que tu élèves avec tant de soin. Il aura pitié de moi, ma tendre compagne, la couronne de roses de mes cheveux gris. Il te conservera pour de meilleurs jours. Tout le monde ici prend part à ta santé. La bonne Henriette me prie de te présenter ses respects. Sois bien tranquille du côté de l'esprit. Le corps se porte mieux quand l'ame est en repos. Je t'embrasse de tout mon cœur, ma chère et tendre amie; je suis pour toujours ton tendre et fidèle mari,

DE SAINT-PIERRE.

Paris, ce 21 fructidor an VIII.

LETTRES
A M. ROBIN.

LETTRES

A M. ROBIN.

✦✦✦✦✦✦✦✦✦✦✦✦✦✦✦✦✦✦✦✦✦✦✦✦✦✦✦✦✦✦✦✦✦✦

N.° 1.

✻

A MONSIEUR ROBIN [1].

Essonne, an VII.

JE vous renvoie votre parapluie; il nous a servi jusqu'à l'entrée d'Essonne où nous

---

[1] M. Robin, commissaire des poudres à Essonne, et voisin de M. de Saint-Pierre, fut pendant vingt ans son ami. Il a eu la bonté de nous confier ces lettres qui renferment quelques détails pleins d'intérêt.

avons trouvé le cabriolet de madame Didot qui venait au-devant de nous. Ma Virginie était disposée à faire le tour du monde dans les crottes avec moi. Son petit cœur était tout plein de la joie de ses jeux avec Théodore qu'elle compte bien revoir. Son premier soin en arrivant a été d'en demander la permission à sa mère. Quant à moi, j'ai été fort agréablement surpris en apprenant que ma bonne compagne avait passé la journée sans fièvre ; votre raisin a sans doute contribué à la calmer, car elle l'avait presque tout mangé. La soirée s'est passée très-agréablement parmi les jeux pleins de gaieté de Paul et de Virginie, suivis du doux repos de leur mère qui s'est endormie sur les neuf heures. Peut-être l'atmosphère pluvieuse et chaude y a-t-elle contribué aussi en relâchant ses nerfs.

J'emporterai donc quelques espérances avec moi. J'avais besoin de ces distractions. Ma maison ne me coûtera pas cher si elle me donne quelques momens de plaisir. Cependant, pour ne pas perdre l'occasion de la louer, je joins ici une affiche que je vous prie de recommander au citoyen Marceau. J'espère être de retour le 8 de la décade prochaine. Peut-être tous nos malades seront-ils en bonne santé. Conservez bien la vôtre ainsi que celle de votre digne compagne. Sénèque disait qu'il prenait soin de sa santé en pensant qu'une jeune vie (celle de Pauline sa femme) était greffée sur la sienne. J'en peux dire autant. Je suis un vieux arbre qui porte de jeunes rameaux; mais vous et votre épouse, quoique jeunes, en portez à la fois d'anciens et de nouveaux, puisque vous soutenez à la fois vos parens et vos enfans.

De Saint-Pierre.

N° 2.

✳

A MONSIEUR ROBIN.

Je vous prie, très-obligeant ami, de vous informer au bureau des hypothèques à Corbeil, si l'on a fait la transcription de quelque contrat de vente de biens à Essonne et aux environs par le citoyen Léger Didot, et dans le cas où ces transcriptions seraient faites, de vouloir bien me faire passer la date des contrats et les noms des notaires qui les ont reçus.

Je vous écris à la hâte. Le notaire sort de chez moi. J'ai pensé que dans ce service vous voudriez bien employer votre zèle accoutumé.

Quelles tristes distractions au milieu de mes études célestes!. Je compte vous voir sous quinze jours. Plusieurs locataires et acquéreurs se présentent pour ma maison d'Essonne. J'irai jouir auprès de vous des premiers jours du printemps. Mandez-moi si je vous ai lu mon drame de Zoraïde, je l'emporterais. Embrassez votre chère famille pour moi. La mienne se porte bien. Je vous salue.

Votre ami,

De Saint-Pierre.

Paris, 22 ventose an VIII.

N° 3.

✼

A MONSIEUR ROBIN.

Je n'ai point trouvé, obligeant ami, à mon retour de la campagne, votre réponse à la lettre que mon voisin s'était chargé de vous remettre de ma part. Je vous priais par cette lettre de vous informer à Corbeil *s'il existait, au bureau des hypothèques, des inscriptions sur Jacques-Henri Bernardin de Saint-Pierre*, et, dans ce cas, d'en faire un extrait et de me l'envoyer. Je suis au moment de conclure avec M. Le Petit de Maurecourt, moyennant deux contrats de 15,000 livres de capital, et lorsqu'il est prêt à me fournir toutes les sûretés que je lui demande, il est bien juste que je lui donne de mon côté toutes celles dont il a besoin pour l'acquisition de ma maison.

MM. Callais et Vallée sont venus me voir; celui-ci m'a apporté la Pluralité des Mondes de Hughens où je trouverai un peu à glaner. Il y a quelques erreurs physiques contre lesquelles je m'étais déjà mis en garde : telle est entre autres l'obscurité qu'il attribue aux mers des planètes ; mais d'un autre côté il y a plusieurs aperçus dont je tirerai parti. J'en ferai usage en refaisant en entier mon préambule et mon premier livre des Harmonies solaires, où il y a d'ailleurs beaucoup de choses qui ne sont point à leur place ; ce sera pour la cinquième fois que je le recopierai. La première des beautés d'un ouvrage est son ensemble; je ne dois rien négliger pour la perfection du mien, car il fait mon bonheur.

J'ai rapporté de Brévanes, où j'ai été passer deux jours chez un ami, un redoublement de rhume; mais j'ai trouvé à mon retour que ma Virginie et mon Paul étaient débarrassés de celui qui les tourmentait : ainsi il y a compensation.

Nous embrassons tous votre aimable famille.

De Saint-Pierre.

Paris, ce 2 prairial an VIII.

N° 4.

※

A MONSIEUR ROBIN.

Paris, ce 17 prairial an VIII.

J'ai reçu vos deux dernières lettres, très-obligeant ami ; vous me servez sur les toits : c'est une compensation de la Providence qui sème des fleurs au milieu de mes épines. Le citoyen Cousin, notaire de la succession, auquel j'ai communiqué les inscriptions prises sur mes biens, m'a fermement assuré que le conservateur des hypothèques s'était étrangement trompé en portant les inscriptions des cohéritiers sur mes biens propres, puisqu'on ne lui avait donné d'autre charge que de les établir sur les biens de la succession Didot où nous avons tous des droits égaux. C'est, dit-il, ce qui est évident par le modèle d'inscriptions que le conservateur a entre les mains; je vous prie, si vos affaires le permettent, de prendre à ce sujet quelques informations.

C'est assez vous parler de mes embarras. Occupons-nous un moment de vos peines. J'en sens toute l'amertume par l'état où se trouve votre chère compagne; il me rappelle celui où j'ai vu la mienne si long-temps, et la position où se trouvent mes chers enfans qui ont bien besoin d'une mère. Je suis obligé d'en faire de temps en temps les fonctions; mais j'espère que la Providence conservera aux vôtres leur chère nourrice. Assurez-la de mes plus tendres respects.

Vous avez un esprit philosophique qui me plaît tout-à-fait; vous tournez très-adroitement en ridicule les systèmes philosophiques qui me mettent souvent de mauvaise humeur, parce que je suis quelquefois tenu d'y répondre, du moins, à mon avis, à cause de ma qualité de membre de la section de morale dont ils tâchent de renverser les fondemens.

Le bon Ducis, à qui j'ai communiqué vos lettres, a senti redoubler en lui le désir d'en connaître l'auteur. Ne doutez donc pas qu'il ne se rende à votre fête Homérique du 10 messidor, quoiqu'il parte demain pour Versailles où il va passer deux mois.

Pour moi j'espère, d'ici à ce temps-là, avoir bien avancé la copie du préambule et du livre de mes Harmonies solaires que je refonds en entier. En attendant, si votre promenade se dirigeait vers mon ancienne habitation, demandez, je vous prie, au jardinier pourquoi il ne m'envoie pas des œufs de mes poules et de mon orge, des fraises, des cerises, des artichauts et d'autres légumes. Il pourrait m'en faire un bon panier et me l'envoyer à mon adresse par le coche d'eau. Il s'occupait aussi, a-t-il dit au citoyen de Maurecourt, à me pêcher du poisson. Tout cela me viendrait à propos. Je n'ai plus que quelques usufruits à retirer de ma maison; la propriété si entravée m'en reste malgré moi.

Mon ami, il faut se faire un asile champêtre dans son propre cœur jusqu'à ce que nous parvenions à l'asile céleste; là, il n'y a point d'impositions contre lesquelles on réclame en vain, ni d'inscription en hypothèques pour des dettes qui ne sont pas les nôtres. Nous soldons tout cela sur la terre en nous débattant contre les mauvais raisonneurs, les intrigans et nos propres passions.

Je vous embrasse de tout mon cœur.

Votre ami,

De Saint-Pierre.

J'embrasse vos chers enfans; les miens sont en parfaite santé. Le notaire m'a dit qu'il avait outre-passé ses droits. Je vous en remettrai le montant à votre premier voyage.

N° 5.

LETTRE DE M. DUCIS A M. ROBIN [1].

Paris, le 18 messidor an VIII.

J'AI un peu tardé, citoyen, à vous remercier, ainsi que madame votre épouse, de la réception si aimable et si amicale que vous m'avez faite. C'était au milieu de la verdure, des fleurs, des eaux et des ombrages que vous deviez placer les bustes d'Homère et de Jean-Jacques, qui nous en ont tracé des tableaux

---

[1] Cette lettre est indispensable pour expliquer un passage de la lettre précédente, sur la fête d'Homère célébrée chez M. Robin.

si frais et si charmans. C'était dans votre solitude d'Essonne qu'ils devaient trouver leurs temples. Nous nous souviendrons toujours, Bernardin de Saint-Pierre et moi, que nous avons porté leurs couronnes, que ce sont vos enfans qui les ont posées sur leurs têtes, et deux jeunes amis qui ont lu devant eux les endroits les plus touchans de leurs ouvrages. Nous n'oublierons pas votre chère compagne, le berceau roulant, l'enfant endormi, les regards de la mère, la petite Virginie de Bernardin, jouant avec vos petits Paul sur des herbes fleuries; nous n'oublierons pas madame votre sœur, si jolie et si intéressante : ainsi les grâces et tous les âges ont offert leur hommage à vos deux grands hommes. Je croyais les voir sourire aux caresses des petites bouches et des petites mains qui les pressaient si joliment et avec tant de charmes. Il me semblait qu'il ne leur manquait que des bras pour les serrer contre leur sein.

Que vous êtes heureux, citoyen, de trouver dans votre famille, dans l'amitié, dans la vertu, dans l'étude, dans l'amour de la nature et de la retraite, toutes les jouissances qui y sont cachées ! Votre fête était simple comme les beautés de l'Iliade et d'Héloïse. Nous en respirions l'esprit dans une émotion douce et dans un silence religieux. Agréez, je vous prie, ma reconnaissance de tout le plaisir qu'elle m'a fait et qu'elle m'a laissé. Mes respects, s'il vous plaît, à votre chère compagne, à madame votre sœur. Je m'incline dans leurs bosquets devant Homère et Rousseau, et j'embrasse toute votre petite famille.

Salut, estime et amitié.

Ducis,
De l'Institut national.

N° 6.

✻

A MONSIEUR ROBIN.

Paris, ce 20 fructidor an VIII.

J'AI lu avec beaucoup d'intérêt, mon estimable ami, l'itinéraire de votre voyage. Je vous ai plaint plusieurs fois pendant ces grandes chaleurs qui nous accablaient ici. Peut-être n'en étiez-vous pas incommodé sur la croupe de vos montagnes. J'ai rencontré au salon votre aimable belle-sœur et son mari, qui m'ont fait part des nouvelles que leur avait mandées le citoyen Callais. Je me suis rappelé le voyage des deux pigeons que je vous avais cité avant votre départ. Amant, heureux amant, peut-on dire à votre jeune ami, n'allez qu'aux rives prochaines! Vous me dites qu'il s'est évanoui deux fois et une fois dans l'eau. Je pensais bien qu'il était trop délicat pour fournir à une pareille fatigue. Il faut espérer que l'exercice l'aura fortifié, et que je vous verrai tous les trois en bonne santé pendant les jours complémentaires. Je m'arrange pour aller les passer avec ma fille que je compte à cette époque ramener à Paris. J'aurai bien du plaisir à vous embrasser tous les trois et à vous entendre raconter vos aventures. J'espère que vous en aurez eu quelques-unes d'agréables. Je serais charmé que mes lettres y eussent contribué. Mais je suis personnellement inconnu dans les montagnes que vous parcourez, et ce serait de vous maintenant que j'attendrais pour moi-même une bonne réception.

Je ne sais où vous adresser ma lettre; je l'envoie à Genève, poste restante, comme a fait votre chère belle-sœur. J'espère que vous trouverez à votre retour le salon de peinture mieux garni qu'il ne l'est à présent. On attend plusieurs tableaux d'une belle exécution; mais est-on encore sensible aux beautés de l'art, lorsqu'on vient de jouir de celles de la nature? Il m'est souvent arrivé, dans la galerie où sont réunis les chefs-d'œuvre des plus grandes écoles, de n'oser mettre la tête à la fenêtre, de peur que l'aspect des cieux, de la rivière et des monumens qui l'environnent, ne m'ôtât toute mon illusion.

Le temps me presse. On vient me chercher pour aller à Montmorency quoique par un temps de pluie. Le souvenir de Jean-Jacques y sera mon soleil. Adieu, mon ami, je vous embrasse avec tous vos compagnons de tout mon cœur.

DE SAINT-PIERRE.

N° 7.

A MONSIEUR ROBIN.

Paris, ce 21 brumaire an IX.

Je suis, mon aimable ami, le plus heureux des époux. J'ai trouvé dans ma jeune compagne toutes les qualités que je pouvais désirer. Sa douceur constante sans faiblesse, sa sensibilité, son amour pour mes enfans, sa tendre affection pour moi, surpassent de beaucoup tous les avantages que la fortune aurait pu m'offrir; encore n'en est-elle pas tout-à-fait dépourvue, sa mère lui donne une pension très-honnête pour son entretien. Je ne parlerai point des qualités de son esprit, mais il en est peu d'aussi bien cultivé et de plus juste. Ce sont mes ouvrages qui m'ont gagné son cœur : ce n'est point par amour-propre que je me cite en témoignage, mais pour vous faire sentir combien il est doux de trouver dans ma tendre compagne une ame qui me sent et m'entend ; quant à sa figure, vous y démêleriez à travers sa modestie et sa timidité, une partie de toutes ses excellentes qualités.

Elle a été élevée à l'école du malheur, ce qui me la rend très chère; mais il semble que le bonheur soit entré avec elle dans ma maison. Avant-hier, jour de mon mariage, un M. Blondel, manufacturier de toile peinte à Fontainebleau, est venu me louer ma maison d'Essonne sur le prix de 600 fr., et il paiera de plus les impositions.... En conséquence je me rendrai le 28 de ce mois chez vous, par les voitures de l'après-midi ; le 29 nous passerons bail. Dans la matinée, nous visiterons la maison : j'espère que vous voudrez bien nous accompagner dans cette visite et rédiger les articles de notre bail. Ainsi voilà 600 fr. de rente qui augmentent mon revenu; je n'oublie rien des dons de la fortune, surtout lorsqu'ils servent de présage à mon amour. Hier, j'en reçus un d'un genre nouveau : le citoyen Fleurieu avec lequel je n'avais aucune relation d'intimité, quoiqu'il fût mon confrère, surtout depuis qu'il est dans les grandes places, m'a envoyé, à ma grande surprise, un exemplaire du *Voyage autour du monde*, du capitaine Marchand, dont il est l'éditeur. Ce sont quatre grands volumes in-4° avec des cartes, fort bien reliés en carton ; à la vérité le citoyen Fleurieu en avait lu plusieurs morceaux dans les séances de notre classe, et je m'y étais permis, de temps en temps, quelques observations critiques. J'ai donc été fort surpris de son beau cadeau et de son billet d'envoi, d'autant qu'il y a au moins un an et demi que nous ne nous sommes dit un seul mot. J'ai été touché de cette prévenance de la part d'un homme savant et vertueux. Je l'attribue à cette main invisible qui dispose des cœurs à son gré, qui m'a ouvert celui de ma chère *Désirée*, et qui me conserve celui de mes amis et en particulier le vôtre. J'espère, mon ami, que vos affaires vous permettront d'être à Essonne le 28 et le 29, afin que je puisse conclure, par votre entremise, avec le citoyen Blondel de Fontainebleau, sur lequel vous pourrez d'ailleurs me donner des renseignemens que je n'ai pu prendre que sur sa physionomie qui m'a paru bonne.

Je vous embrasse de tout mon cœur. J'espère vous voir tous en bonne santé. Votre famille me semble une branche de la mienne. Si vous venez dans l'intervalle, ne manquez pas de venir dîner chez moi.

Votre ami,

DE SAINT-PIERRE.

Je pourrais donc me livrer, sans les distractions du ménage, à la rédaction du préambule de mes Harmonies, dont la plus charmante est en ma possession.

N.º 8.

✽

A MONSIEUR ROBIN.

Paris, ce 24 messidor an IX.

Je vous prie, mon ami, de payer pour moi mes vitres de l'an VIII et mes impositions foncières de l'an IX.

Je suis très-décidé à réclamer pour mes impositions foncières de l'an X, ainsi que je l'ai fait pour les années précédentes; et pour ne pas le faire cette fois en vain, informez-vous, je vous prie, auprès du sous-préfet et du maire, de la marche que je dois suivre. J'ai envoyé mes pétitions à Corbeil à temps l'année précédente, et, comme vous voyez, on y répond par un garnisaire. Il est cependant notoire à la commune que ma maison n'est ni louée ni habitée depuis long-temps.

Indiquez-moi pour l'an X une marche plus sûre.

Vous pouvez bien croire que je n'ai reçu aucun avertissement du percepteur et de mon jardinier, car j'y aurais répondu.

Les orages de la fortune me pressent de tous côtés : celui de la succesion Didot est stationnaire sur ma tête et celle de mes enfans depuis plusieurs années, mais il s'en élève de nouveaux.

Les affaires de ma belle-mère, madame de Pelleporc, sont en si mauvais état, qu'elle m'a déclaré qu'elle allait se retirer à Stenay pour y vivre dans une maison de campagne qui lui appartient, avec son fils qui vient de s'y rendre. Tout mon crédit pour eux jusqu'ici a abouti à faire réintégrer madame de Pelleporc dans une petite pension de 100 écus dont elle ne touche que le tiers suivant la loi.

Cependant ces orages exceptés, je trouve dans l'hymen plus de consolation que je n'en pouvais espérer. D'ailleurs je suis très-convaincu que la Providence prend soin des moineaux. J'avance donc dans l'avenir, fort de cette assurance, et je trace pour ma consolation les deux dernières harmonies de mon préambule, l'harmonie générique et la sphérique.

Votre page philosophique me fait grand plaisir; je me sens réjoui quand je rencontre des ames en consonnance avec la mienne. Je ne suis point surpris de voir les sages de nos jours accuser Herschel de folie; ils ont la malice de supprimer tout ce qu'ils peuvent de ses admirables découvertes. Vous me feriez un vrai plaisir de me communiquer ce que vous en rencontrez d'épars dans les journaux. Ceux de nos philosophes se gardent bien d'en parler; ils ne le traduisent qu'en ridicule. Pour moi, je l'avoue, si j'en avais les moyens, je ferais le voyage d'Angleterre uniquement pour saluer ce grand homme, le Christophe Colomb de l'astronomie, et pour voir le soleil dans son télescope. J'espère que nous pénétrerons un jour dans cette incompréhensible planète, où sont renfermés tous les trésors que la main paternelle de la Providence dispense parmi les maux sur notre petite terre misérable.

Dans cette espérance, je vous embrasse de tout mon cœur, mon ami. Je vous somme à votre prochain voyage à Paris, de vous arranger de manière que vous veniez dîner avec moi en famille. Ne prenez pas un jour de mes séances à l'Institut, un 2 ou un 7, à moins que vous ne vouliez venir vous y morfondre dans quelque spéculation d'idéologiste.

Ma femme me charge de vous réitérer, ainsi qu'à votre digne compagne, tous les témoignages de son attachement et de son estime. Virginie me prie de ne la pas oublier auprès de vous deux et de Théodore. Je l'embrasse ainsi que toute votre chère famille. Paul vous salue tendrement à sa manière.

Votre ami,

De Saint-Pierre.

N° 9.

A MONSIEUR ROBIN.

Paris, ce 24 germinal an XI.

On connaît, mon digne ami, ses amis dans le besoin. Mon procès de la succession Didot a aujourd'hui trois têtes comme Cerbère. Il vient de me faire entendre trois aboiemens par trois assignations. La première m'annonce que le citoyen Didot Saint-Léger m'appelle au tribunal de seconde instance, le 13 floréal, pour faire casser mon premier jugement; la seconde, par un autre appel devant le juge-de-paix, me déclare qu'il me redemande une portion de 260,000 livres qu'il a dépensées pour l'amélioration de la papeterie, et dont on ne lui a pas tenu compte dans la vente qui en a été faite à sa femme. La troisième m'appelle à Corbeil, *le 28 germinal à dix heures du matin, au bureau de paix du citoyen Boyer*, de la part de madame veuve Dubort, créancière de la succession Didot, qui veut faire revendre la papeterie, attendu que la femme de Saint-Léger Didot n'a rien payé aux créanciers de cette succession du prix de sa papeterie, comme elle s'y était obligée. Comme Henri Didot mon beau-frère et moi avons transigé de nos droits successifs avec Saint-Léger Didot, nous faisons ensemble face à l'orage.

Nous nous préparons à repousser, le 13 floréal, l'appel de Saint-Léger à la première section de son tribunal, par l'organe du citoyen Pronnet. Nous avons rejeté la demande en conciliation de 260,000 livres, comme un acte de délire; il nous sera aussi aisé de repousser celle de la dame Dubort, parce qu'au fond ce n'est qu'une simple formalité; mais pour ne pas encourir l'amende de non comparution devant le juge-de-paix, nous vous prions,

Henri Didot et moi, de vous y présenter pour nous, ou, à votre défaut, la personne que vous jugerez convenable avec les deux pouvoirs ci-joints. Nous avons pour cet effet laissé en blanc le nom de votre représentant.

J'aurais volontiers profité de cette circonstance pour aller jouir un moment de votre beau printemps et de votre amitié non moins agréable, mais je suis obligé de ménager un gros rhume qui me tourmente depuis trois semaines.

Je suis encore tourmenté par les projets inspirés au gouvernement d'occuper notre classe à la confection d'un dictionnaire de la langue française, et qui plus est de quatre volumes par an, de critiques des ouvrages nouveaux. D'après le plan de notre confrère Rœderer, chacun de nous serait occupé toute l'année dans son cabinet, car selon lui il n'y a pas moyen de confectionner de si grands travaux dans de simples séances. Vous avouerez qu'on ne peut pas employer plus d'économie; car pour 60,000 francs on ferait travailler toute l'année les quarante plus beaux esprits qu'il y ait en Europe, suivant le dire de Rœderer qui ne nous épargne pas les complimens. Il lui en reviendrait de bonnes bribes pour son Journal de Paris qui lui rapporte plus que ne coûte l'Académie française. Il avait aussi, de concert avec La Place, Lalande, Vien et la plupart des fonctionnaires publics, proposé de faire payer à chacun des membres de l'Institut 200 francs pour tenir lieu d'indemnité aux sexagénaires, et suppléer aux 1200 francs que chacun de nos confrères fonctionnaires publics, ayant 10,000 francs de traitement, étaient obligés depuis la fondation de l'Institut de leur abandonner. C'était, selon lui, une honte aux sexagénaires de les recevoir, et une injustice dont les fonctionnaires étaient les victimes. On a lutté pendant deux séances générales et extraordinaires pour décider cette question. A la fin, les sexagénaires l'ont emporté à leur grande honte, sans doute; cependant si j'avais eu la gloire d'être dépouillé, elle m'eût coûté au moins six ou sept cents francs par an. Cela compte pour un père de famille chargé de trois enfans. Dieu merci, ils se portent bien et leur mère aussi. La mère de ma femme est logée chez moi depuis quinze jours. Elle est d'un caractère gai et insouciant. Ainsi je suis obligé de penser à beaucoup de choses qui ne me sont pas personnelles. Cependant je suis tranquille, m'appuyant sur cette Providence qui ne m'a jamais abandonné, et qui au défaut de fortune me donne la paix du cœur et des spéculations ravissantes, que je ne changerai jamais contre celles de la grammaire et de la critique.

Nous vous embrassons tous, votre chère compagne et vos enfans.

Votre ami,

De Saint-Pierre.

Ducis est gai et bien portant. Il s'informe de vous assez souvent.

Faites-moi le plaisir de me répondre. Parlez-moi de vos jardins et de vos belles Naïades.

N° 10.

✳

A MONSIEUR ROBIN.

Paris, ce 15 fructidor an XI.

Ma femme et moi, mon cher ami, nous sommes très-aises du contentement de votre digne compagne qui vous a donné une fille tant désirée, et qui, comme vous l'observez fort bien, neutralisera, par sa douceur féminine, la pétulance de vos garçons. J'ai différé de vous répondre, à cause des embarras où me jette la banqueroute du banquier Razuret qui vient de m'emporter à peu près toutes les économies de ma vie, trois mois et demi après que je les lui avais confiées pour un an, en les retirant de la caisse d'escompte du commerce dont il était un des administrateurs. Dieu soit loué! il a soin de la postérité des moineaux qui n'ont point de rentes, il aura soin de la mienne.

Je profite du retour du porteur à Essonne, qui désire que madame de Cramayel lui donne une lettre de recommandation pour son fils. C'est un père de famille malheureux auquel je vous prie de vous intéresser auprès de madame de Cramayel. Je vous prie de me rappeler à son souvenir ainsi qu'à celui de M. Bien-Aimé. Je vous embrasse vous et votre famille aimable de tout mon cœur.

Votre ami,

DE SAINT-PIERRE.

N° 11.

✻

A MONSIEUR ROBIN.

Paris, ce 17 floréal an XIII.

Je reçois, mon digne ami, une petite lettre de M. Serre contenant ces mots : « Monsieur, je
» vous envoie ci-joint 250 fr.; ma traite a vue
» sur M. Roland à votre ordre pour paiement
» de six mois d'avance pour loyer de votre
» maison d'Essonne; il vous plaira faire le
» nécessaire pour l'encaisser et m'en accuser
» le bien-être.

» J'ai l'honneur de vous saluer.
» Serre. »

Je n'entends pas trop bien ce style, quoique membre de l'Académie française, et que je travaille à son dictionnaire. Mais je m'entends en amitié, et j'ai pensé que vous me débrouilleriez cette affaire comme tant d'autres, avec le même zèle que j'en userais à votre égard à Eragny. J'en arrive avec ma chère compagne, qui a passé quinze jours à l'embellir; nous y retournerons, dans quinze jours environ, revoir nos enfans et madame de Pelleporc. J'espère y avoir Ducis : ce serait bien une circonstance propre à vous attirer. Je vous y donnerais un lit chez moi ou chez une amie qui est à ma porte. J'habite un lieu digne d'un philosophe comme vous. Ce n'est pas un paysage semblable à celui de Corbeil, mais il a aussi ses charmes. Il présente des cultures semblables à celles de la vallée de Montmorency, avec des lieux agrestes et rocailleux aux sommets de ses collines qui suivent à perte de vue les sinuosités de l'Oise. Ces sommets sont revêtus, à droite et à gauche du chemin, de longs tapis tout violets d'une espèce de grande renoncule[1] qui ne croit que dans les cailloux; sa

---

[1] L'anémone pulsatille.

couleur d'un bleu pourpre forme la plus charmante harmonie avec leur blancheur d'une part, et la verdure des collines de l'autre. Vous trouverez d'autres petites plantes très-curieuses sur ces hauteurs, et vous avouerez que nos nymphes d'Éragny ne s'entendent pas moins bien en parure que vos riches malades d'Essonne. Je ne peux vous en écrire davantage, c'est aujourd'hui jour d'Institut. Nous allons être occupés ma femme et moi, pendant une quinzaine, à arrêter à Paris un pied-à-terre et à préparer notre déménagement; de tous côtés ce sont de grands frais, mais je travaille pour mes enfans. Il me faut ainsi qu'à eux un lieu de repos. Mes projets paraissent secondés de la Divinité, et si je les mets à exécution, je pourrai mettre sur la porte de mon asile champêtre : *Deus nobis hæc otia fecit.* Puissé-je y goûter la paix des muses avec des amis comme vous et comme Ducis! Ma femme et moi nous faisons des vœux semblables pour votre bonheur et celui de votre famille.

Votre ami pour la vie,

DE SAINT-PIERRE.

Les gravures de mon édition s'avancent, j'en ai toutes les eaux fortes qui sont d'une grande beauté. Je vous les ferai voir lorsque vous viendrez nous demander à dîner, ce qui, j'espère, aura lieu avant quinze jours ; car je compte retourner la semaine suivante avec ma femme, Ducis et Grand-Jean, passer cinq jours à Éragny et y ranger mes papiers.

N° 12.

✼

A MONSIEUR ROBIN.

Tout ce que vous faites, mon digne ami, est toujours bien fait; il en sera de même de tout ce que vous ferez. M. de Bussy, qui vous aime comme vous méritez de l'être, a raison de dire que vous n'avez point eu de jeunesse. Il m'a remis vos 200 francs. Je voulais saluer M. Champy; mais il était à sa maison de Charonne. M. de Bussy s'est chargé de me rappeler à son souvenir. Je me suis rabattu chez madame de Genlis qui loge à côté de la Bibliothèque. Je l'entendais à travers sa porte jouer de la harpe. J'ai sonné; le domestique, qui est allé m'annoncer, est revenu me dire qu'elle était incommodée et ne pouvait me recevoir. Il m'a dit d'un air de Jodelet, qu'il me conseillait de lui demander par écrit la permission de la voir. Tout est comédie dans ce monde, je m'en suis retourné en riant; j'ai raconté à ma femme comment se terminait l'extrême désir que madame de Genlis avait témoigné de faire sa connaissance en la rencontrant il y a six semaines avec moi, dans une maison d'ami. Je ne pense plus aux caprices de cette muse fantasque. J'en ai d'autres qui m'occupent plus sérieusement, c'est la lenteur extrême de mes graveurs. J'en ai trouvé plusieurs occupés sur d'autres planches que les miennes, quoique je les aie payés en partie d'avance. Enfin, je les ai menacés de les accuser publiquement de mes retards pour m'excuser moi-même. Alors, ils se sont remis à ma besogne; mais il faut les surveiller. La plupart des hommes n'obéissent qu'à la crainte. Quand la cupidité parle, l'honneur se tait. Il faut que je sorte tout à l'heure, pour faire ma tournée, car le temps me presse de toutes parts. Je viens de passer bail pour mon nouveau logement où je dois entrer en messidor. Il est rue Belle-Chasse, n. 224. J'ai pour 500 francs, sept petites pièces fort propres avec une cave, le tout dans un pavillon au fond d'une cour à porte cochère. C'est le séjour du silence; c'est un charmant pied-à-terre pour un homme de lettres qui passera la plus grande partie des beaux jours à la campagne à rédiger ses matériaux au milieu d'une famille aimable. Que ne vous ai-je pour voisins Ducis et vous! Il n'est point encore venu à l'Institut. Le fond de l'air est toujours froid.

Nous comptons, ma femme et moi, achever nos doubles déménagemens et emménagemens pour Éragny et pour Paris sous quinze jours, si l'impression de mon édition m'en donne le temps; je vais la commencer incessamment. Je n'ai pas le temps de répondre à toutes les choses aimables que vous dites, et surtout que vous faites, pour moi. J'espère sous quinze jours que nous pourrons nous réunir à Éragny. Recevez, mon digne ami, mes remercîmens et mes vœux pour tout ce qui vous est cher. Ma femme me charge d'y joindre les siens.

Votre ami,

DE SAINT-PIERRE.

Paris, ce 1er prairial an XIII.

N° 13.

✻

A MONSIEUR ROBIN.

Paris, ce 19 brumaire an XIV.

Je suis, mon aimable ami, fixé à Paris jusqu'au mois de mars; mes enfans vont venir m'y rejoindre dans une huitaine de jours, et ma femme, qui est notre maréchale générale des logis, est arrivée hier pour arranger ici leurs chambres. Madame de Pelleporc reste constamment à la campagne. Tout notre monde se porte bien, à l'exception de votre serviteur qui a un léger rhumatisme dans l'épaule à laquelle appartient la main qui vous écrit.

Vous êtes livré à des occupations si terribles, que je n'ose vous parler des miennes; cependant je vous dirai que les gravures de mon édition de *Paul et Virginie* s'avancent peu à peu; il n'en manque plus que trois planches faites aux trois quarts. Je vais donner à l'impression un préambule de mon édition, de plus de deux heures de lecture. Il m'a coûté plus de trois mois d'un travail assidu, et si vous avez fabriqué de la poudre pour renverser les ennemis de l'Empire, moi j'ai fabriqué quantité d'argumens contre les ennemis de la république des lettres.

N° 14

A MONSIEUR ROBIN.

Paris, ce 17 novembre 1807.

Je prends bien de l'intérêt, mon digne ami, à la perte que vous venez de faire de votre épouse; je sens l'embarras où doit se trouver un père de famille aussi tendre que vous, parce que je suis moi-même père de famille. Ma femme partage mes sentimens. Je vous aurais écrit plus tôt, si je ne m'étais trouvé dans l'embarras de collationner avec ma femme les copies des morceaux de ma Mort de Socrate que j'ai fait insérer dans le Mercure; je vous en parle parce qu'il y a quelques motifs de consolation qui pourraient vous distraire.

Mais l'ouvrage qui m'a le plus occupé est le discours que je dois prononcer comme président de l'Académie française, à l'occasion des trois nouveaux récipiendaires que je dois recevoir en séance publique, le 24 de ce mois, à la place de trois de nos confrères morts dans l'espace de six semaines. Je vous le ferai passer dès qu'il sera imprimé; vous y verrez un morceau sur la philosophie qui, j'espère, me méritera votre suffrage.

Voici encore de nouveaux mouvemens dans la succession Didot; Didot Saint-Léger est passé en Angleterre avec sa femme et ses enfans. La papeterie est dans l'inaction. Vous savez sans doute ces événemens. Mais ce que vous ignorez peut-être, c'est que Ragouleau, au nom de quelques créanciers qui prétendent qu'il y a eu collusion entre les héritiers, veut remettre cette papeterie en vente. Il pourrait en résulter des avantages pour nous, car Saint-Léger m'est resté redevable d'une assez bonne somme et de sept arpens et demi.

Ma fille a la permission d'entrer à Écouen,

le 17 de ce mois. Je l'y conduirai avec ma femme, quand elle aura fait ses adieux à sa famille dans quelques jours.

La vie, mon ami, est un combat perpétuel. Il faut être ferme au poste où la Providence nous a mis, et nous souvenir que le plus étroit du défilé est à l'entrée de la plaine.

Je vous embrasse de tout mon cœur.

De Saint-Pierre.

Je crois vous avoir marqué que j'avais eu le malheur de perdre ma sœur à Dieppe. Il y avait plus de vingt-cinq ans qu'elle languissait; elle n'était pas beaucoup plus heureuse du côté de la fortune que du côté de la santé. Je l'ai aidée de mon mieux jusqu'à la fin. Il est incroyable combien son confesseur s'était emparé de son esprit, et lui faisait peur de l'éternité. C'était la principale raison qui m'a empêché de la prendre avec moi. Je craignais, non sans raison, que ces frayeurs ne passassent à mes enfans. Ils porteront le deuil, car c'était ma sœur et une très-bonne fille.

N° 15.

✽

A MONSIEUR ROBIN.

Paris, ce 8 septembre 1808.

J'espère, mon ami, que vous êtes débarrassé de la visite de votre commissaire, et que vous n'avez pas perdu de vue l'engagement que vous avez pris avec moi de venir me voir dans mon ermitage avec une partie de votre famille. Je suis arrivé mardi 6 à Paris, et j'y serai retenu par mes affaires jusqu'au jeudi 22. Choisissez, à partir de cette époque, les jours qui vous seront convenables jusqu'à la fin du mois et même au commencement de l'autre, et faites-moi part de votre détermination. Paul, ma femme, madame de Pelleporc et moi, nous désirons ardemment de vous recevoir avec vos enfans. Venez respirer un air pur sur nos collines pacifiques. Bacchus vous y prépare des couronnes de pampre. Laissez reposer les foudres de l'Etna : notre Jupiter n'a plus besoin que des oliviers de Minerve pour triompher des géans.

J'attends votre réponse, mon ami, pour me décider moi-même, car il serait possible que j'allasse passer quelques jours à Morfontaine.

J'ai été voir, il y a trois jours, ma fille à Écouen avec mon Paul et mon petit neveu. Je l'ai trouvée pleine de joie et de santé. Elle avait remporté le grand bulletin de contentement de sa classe. Il ne s'obtient de madame la directrice que tous les trois mois, car pour ceux de chaque semaine, elle en a de quoi faire une brochure. Pour mon Paul, quoique plein d'intelligence, il n'apprend pas grand'-chose. Mes études particulières ne me permettent pas de suivre les siennes. Je suis donc décidé à le mettre en pension à la rentrée des classes. J'aurais sollicité une place au lycée, mais il est encore trop délicat. J'ai préféré de le placer d'abord dans la pension de M. Lemoine aux Champs-Élysées. C'est depuis long-temps ma promenade favorite, voisine de mon habitation, praticable en toute saison, et je l'aurai tous les dimanches à dîner avec moi. Je suis dans la nécessité de vivre maintenant pour lui et non de le faire vivre pour moi. Vous connaissez ces sentimens paternels, mon ami, vous qui vivez uniquement pour vos chers enfans. Vivez aussi pour vos amis, dont je suis un des plus anciens et des plus attachés.

Votre ami,

De Saint-Pierre.

N° 16.

✳

A MONSIEUR ROBIN.

28 août 1809.

Mon digne ami,

Votre lettre m'a fait beaucoup de plaisir en m'apprenant que vous aviez trouvé quelque agrément dans le voyage que vous avez entrepris pour nous venir voir avec vos trois garçons. Nous espérons que les deux filles auront leur tour.

Il y a apparence que l'inconnu qui est venu me voir est votre M. Chevier. Je lui ai répondu que mon intention était d'attendre que la papeterie fût en vente pour profiter de cette occasion, dans l'espérance de mieux vendre ma maison au nouveau propriétaire ; que cette vente ne tarderait pas, les annonces étant déjà répandues de tous côtés ; il m'a dit qu'il reviendrait dans la semaine.

Je voudrais en avoir mille louis, elle m'a coûté plus de 30,000 livres.

Un peintre de Philadelphie, appelé M. Piale, est venu, l'année passée, avec une lettre de M. Jefferson, président des États-Unis, adressée à quelques-uns de mes confrères de l'Institut ainsi qu'à moi, pour nous engager à nous laisser peindre par le porteur de cette circulaire. Je m'y suis prêté d'autant plus volontiers, que les portraits qu'il m'a montrés étaient du plus grand effet. Le mien a réussi au-delà de mon attente, mais l'amour de la patrie a déterminé l'artiste à retourner tout-à-coup au sein de sa famille. Il y a trois mois, le père de M. Piale m'a écrit une lettre pour me remercier d'avoir bien voulu servir de modèle à son fils, et il y a huit jours que j'en ai reçu une de M. Warden, consul-général des États-Unis à Paris, sur le même sujet. Il me marque que mon portrait est à l'exposition du musée américain, que M. Piale désire y ajouter une notice de ma vie afin de me faire mieux connaître à ses compatriotes. C'est ce que j'ai cru devoir faire. Cette complaisance m'a occupé plusieurs jours, et a été un surcroît de travail qui m'a obligé de négliger d'autres études. Ma notice, qui ne contient guère plus d'une feuille de grand papier à lettre, est si remplie de ratures, qu'il a fallu la recopier, et c'est à quoi ma femme est actuellement occupée.

Vous me direz, mon ami, il y a un peu de vanité dans toutes ces complaisances; je vous assure que je ne m'y suis laissé aller que par le plaisir de penser que des étrangers m'avaient élevé un petit monument d'amitié dans leur pays ; puisque je suis quelquefois piqué par les épines de l'ancien monde, irais-je refuser les roses du nouveau?

Adieu, mon ami, les dames sont fort sensibles à votre souvenir. Je vous embrasse de tout mon cœur.

Votre ami,

De Saint-Pierre.

Je vous félicite du succès de vos enfans.

N° 17.

A MONSIEUR ROBIN.

Paris, ce 25 mai 1811.

Cher et digne ami, nous sommes arrivés en bonne santé, ma femme et moi, comblés de vos bienfaits : deux énormes anguilles, un brochet, un large pain d'épices, des fleurs, des ressouvenirs charmans, la société la plus aimable en femmes. Madame Laugier, sa mère et son aimable fille, et jusqu'à vos naïves petites filles, tout a contribué aux agrémens de notre séjour. Je ne parle pas du talent que vous avez, de vous partager entre vos travaux volcaniques et vos goûts champêtres, et d'être à la fois un disciple de Mars et de Minerve. La beauté de la saison et du paysage a augmenté les charmes de nos jouissances, et surtout le plaisir de penser que votre bonheur devait s'accroître par la joie de voir votre cher fils se débarrasser peu à peu du mal qui a tourmenté son enfance. Je n'ai pas eu lieu d'être content de la conduite de mon locataire, qui me promet à Paris de me payer à Essonne, et qui à Essonne me renvoie à Paris au 15 de juin. Mais il a vu, non sans raison, que j'éprouvais chez vous tant de jouissances propres à me distraire, que sa conduite envers moi ne serait qu'un petit nuage dans le cours d'un beau jour.

Nous sommes ici dans la région des tempêtes, des tonnerres affreux, des grêles grosses comme des œufs de pigeon. Ce sont des signes semblables à ceux qui se manifestèrent sur le mont Sinaï pour annoncer la loi de Dieu aux Israélites. Aussi que ne doit-on pas attendre d'un concile qui s'ouvre au milieu d'un siècle de philosophie?

Pour moi qui ne désire plus que le repos,

j'attends l'occasion de voir mon bienfaiteur, le prince Joseph, et d'aller ensuite voir ma fille; après quoi j'irai à Éragny, non me promener, mais goûter quelques jours de repos, jusqu'à ce que mes devoirs me ramènent dans la bruyante capitale.

Adieu, mon cher ami, goûtez long-temps les plaisirs tranquilles d'un père qui fait le bonheur de sa famille, quoique sans cesse au milieu des mouvemens en tout genre; ma femme me prie de la rappeler à votre souvenir et à celui de votre charmante famille, ainsi qu'à celui du savant M. Laugier. Ne m'oubliez pas moi-même. Adieu, beau parc des fées, et toi plus magnifique encore, superbe et magique manufacture dont l'industrie helvétique a jeté les fondemens durables sur les eaux toujours mobiles de la nymphe d'Essonne. Ses murs s'élèvent jusqu'aux nues au milieu d'une forêt de rhododendron, de datura, de jasmin des Indes; tandis que les filles de vos champs en rendent les toits inébranlables avec de simples fils de coton teints en pourpre, tissus de leur doigts délicats.

Adieu, îles des muses, des amours; adieu,

antres de Vulcain où Jupiter fait préparer ses redoutables carreaux [1].

Je vous embrasse tendrement.

Votre ami,

DE SAINT-PIERRE.

[1] La fabrique de poudre établie à Essonne.

CORRESPONDANCE

DE

BERNARDIN DE SAINT-PIERRE

AVEC

SA SECONDE FEMME.

CORRESPONDANCE

DE

BERNARDIN DE SAINT-PIERRE

AVEC

SA SECONDE FEMME.

N° 1.

A SA SECONDE FEMME.

Je m'empresse, ma tendre amie, de te donner des nouvelles de mon arrivée chez madame de la R...., et de mon prochain retour lundi matin, s'il est possible. Si je ne trouve pas de voiture, j'arriverai le soir, car on m'assure qu'alors je n'en manquerai pas. Ne m'attends donc que le soir sur les neuf à dix heures. Je suis parti de Paris, triste, avec un mal de tête qui tantôt me quitte, tantôt me reprend. C'est une des principales raisons qui m'ont déterminé à me mettre en route, dans l'espérance que l'air de la campagne me le dissiperait. J'ai éprouvé bien de la peine en te quittant, dans les circonstances du départ de ta mère, et j'étais fort tenté de manquer à la parole que j'avais donnée à M. d'H.... Je t'ai consultée, et tu m'as déterminé au voyage; mais j'ai senti mes inquiétudes s'accroître à mesure que je m'éloignais de toi. Elles ne se calment que dans l'espérance de te revoir après demain. Embrasse pour moi nos enfans. Madame de la R.... me charge de t'assurer du plaisir qu'elle aurait eu de te recevoir; cependant elle est dans l'embarras des maçons : c'est une femme digne de ta société, lorsque tu la connaîtras. J'ai lieu d'espérer qu'elle viendra loger dans notre même hôtel. La campagne qu'elle habite est un séjour très-agréable et fort tranquille, quoique voisin de la grande route.

Mais je n'éprouve point de repos parfait là où tu n'es pas. Tu deviens de plus en plus nécessaire à mon bonheur. Puissé-je faire le tien, ainsi que celui de nos chers enfans ! Je t'embrasse avec eux de tout mon cœur.

Ton tendre ami,

De Saint-Pierre.

M. d'Herbès te présente ses respects.

A Viri, ce samedi 26 thermidor an X.

N.° 2.

A SA SECONDE FEMME.

Ta lettre, ma bien-aimée, vient de nous parvenir, aujourd'hui vendredi 8 germinal, à l'heure du déjeuner ; elle a répandu sur nous tous des rayons de consolation. Virginie et Paul ont pris sur-le-champ la résolution d'achever les lettres qu'ils te préparaient. Élisabeth s'est mise à pleurer à l'article de sa sœur, et va lui écrire ; et moi, je t'envoie deux lettres reçues hier de Riga, et apportées par M. D... Il m'a dit qu'elles avaient été décachetées à Mayence; il a ajouté que, dans quelques semaines, il me donnerait les moyens de faire parvenir les réponses par la voie des négocians ; autrement elles sont ouvertes à la poste, sur les frontières, dans les malles mêmes des voyageurs, et ne vont pas plus loin. Tu dois t'attendre à trouver des consolations sur la perte de notre petit ange [1] ; mais garde-toi bien d'en renouveler tes regrets : je t'en conjure au nom de notre amour et de notre religion.

M. D... m'a dit que ton frère jouissait de la plus brillante santé.

Pour moi, tendre amie, j'ai été pris d'un gros rhume le jour même de ton départ; mais au moyen du régime, de la tisane de miel, et de la chaleur de ma chambre dont je ne suis pas encore sorti, j'espère en être quitte dans quelques jours. Je n'ai d'ailleurs ni fièvre ni mal de tête.

Si le papier que tu me renvoies m'arrive aujourd'hui ou demain matin, j'irai sur le midi le faire changer, et l'enverrai sur-le-champ à la messagerie avec les lettres, afin de t'en épargner le port; j'y joindrai, pour cette raison, les lettres de nos enfans.

[1] Le fils qu'il avait eu de sa seconde femme.

Je suis très-content d'eux. Quand ils se sont un peu querellés, ils se baisent comme des pauvres. Après les leçons et le déjeuner, ils travaillent à leurs écritures sur les deux petites tables qui sont au bout de mon secrétaire, et moi au milieu : il me semble que ce sont mes ailes; mais ma tête et mon cœur sont à Éragny. C'est Virginie qui a fait le modèle de la lettre de son frère, mais c'est lui qui l'a exécutée, d'après ses conseils toutefois; et quand il réussissait à bien faire une *m* ou un *p*, elle le baisait, sans doute joyeuse ou fière de le voir si bien profiter de ses bonnes instructions : je t'assure qu'elle sera une bonne fille, et Paul un bon garçon. Le soir, nous jouons tous les trois à la bataille. La nuit, je me couche un peu triste et ébahi, comme tu le penses bien. Mais je songe à toi, et il me semble que je te vois avec ta mère grimpées à l'échelle, décorant notre asile champêtre : mais ne lève point les bras, et pour cause.

Tu me fais une description charmante de ton voyage, de la joie que tu as causée à ta bonne maman, et de la part que j'y ai moi-même. Tu lui diras qu'elle m'a rendu insolvable à son égard, en me donnant en toi une mère à mes enfans, une épouse, une amie à moi, et qu'elle y a mis le comble en joignant sa destinée à la nôtre, afin que sa Désirée n'eût rien à désirer.

Le temps est rude ici, mais il accompagne tous les ans la fin de mars et le commencement d'avril; il dure vingt jours; c'est ce qu'on appelle en Normandie la mauvaise vingtaine. Il résulte de la révolution de l'équinoxe et des glaces qui descendent alors du Nord...... Mais tu vas dire : Il revient toujours à ses moutons.

Ton meilleur ami,

De Saint-Pierre.

Paris, ce 9 germinal an XIII.

N° 3.

✻

A SA SECONDE FEMME.

Dans le désir de te voir une demi-journée plus tôt, nous partirons, chères délices, jeudi 12, à sept heures du matin, par la messagerie du faubourg Saint-Denis; j'en ai le billet dans mon porte-feuille. Cette bonne Élisabeth l'a été chercher hier au soir par un temps épouvantable. Il lui est arrivé une triste aventure. Passant sur le Pont-Royal, à l'abri de son parapluie, un jeune homme l'aborde et la prie de le laisser mettre à couvert près d'elle, en portant le parapluie. « Vous êtes bien honnête, Monsieur. » La pluie passée, elle entre dans la rue du Bac, elle veut se débarrasser de son inconnu. « Vous avez été trop honnête à mon égard, dit celui-ci, pour que je vous laisse dans la rue ; permettez-moi de vous remettre à votre porte. » Elle s'en défendit toujours, assure-t-elle. Enfin, ils arrivent côte-à-côte à l'hôtel de Broglie. Elle frappe, on ouvre et elle entre. Le jeune homme, qui se croit joué, lui arrache le parapluie de dessous le bras, et lui en donne un coup à travers le visage. Elle jette un cri affreux : le portier et la portière sortent en disant force injures à ce jeune homme qui revient sur ses pas, et fait ses excuses à Élisabeth, comme pour se moquer d'elle. Il lui est resté de cette aventure une écorchure sur le haut du nez ; elle lui rappellera, pendant quelques jours, qu'il ne faut point se laisser accoster, surtout la nuit, avec un costume qui annonce plutôt une jeune ouvrière qui cherche fortune, qu'une servante qui va faire une commission. Il y a apparence qu'elle a pris ce jeune homme, très-bien costumé, pour un mari que sa bonne étoile lui envoyait ; il lui faisait sans doute force complimens ; mais la surprise a été grande au coup de parapluie.

Sois un peu discrète ; il y a apparence qu'elle te contera son aventure elle-même. Cependant, je crois qu'elle n'en est pas si fâchée, car elle a mené ce jeune homme assez loin. Cette égratignure au nez est, au fond, un effet de ses charmes et de sa vertu, et ne lui fait pas moins d'honneur qu'une balafre à un soldat.

M. Le Bourgeois m'a enfin apporté hier une eau-forte du dessin de M. de Lafitte. Je l'ai trouvée assez bien ; les têtes sont finies ; desorte que je lui ai payé le deuxième tiers de sa planche. La veille, M. Roger m'a fait voir celle de Girodet, aussi avancée : autre deuxième tiers à payer.

Oh ! que ta dernière lettre est pleine de charme ! c'est un mélange enchanteur d'images printanières, de tendresse, de philosophie, de religion amoureuse. J'ai admiré ta dernière pensée ; elle est neuve, elle est sublime. Oh ! ma seconde Providence ! etc. J'en ai fait part à Ducis que j'invite à nous venir voir. Si tu ne m'avais donné beaucoup d'amour, tu me donnerais de l'orgueil.

Mercredi, je paierai le mois entier du maître de danse qui vient tous les jours. Il ne s'en faudra que de deux cachets; mais il ne faut pas y regarder de si près, car ses leçons sont longues; notre fille fait des progrès. Elle amène avec elle ses oiseaux. La serine pond tous les jours; voilà quatre nouveaux œufs. Tâche de nous faire tenir à notre arrivée un âne ou une charrette. Il y aura bien au moins pour cent livres pesant. Au reste, comme c'est en deux ou trois articles, nous pourrons trouver des porteurs à l'arrivée.

Mon rhume est fort diminué. Je compte en être débarrassé de demain en huit; ce sera juste six semaines. Je crois que la nouvelle lune d'hier va changer le temps. Cependant elle s'est annoncée par de rudes averses; mais cette abondance d'eau accélère la pousse des végétaux; elle est nécessaire à leurs progrès et à leurs besoins : le mois de mai est un enfant qui veut toujours téter. Je t'embrasse, mes amours, mes délices, mon mois de mai.

Ton ami, ton amant, ton époux,

DE SAINT-PIERRE.

Paris, ce 10 floréal an XIII.

Embrasse pour moi ta mère et notre Paul.

N° 4.

À SA SECONDE FEMME.

J'écris à ta bonne amie, mère des amours. Ce sera ton affaire de la loger, car M. de N. viendra samedi au soir et repartira lundi matin. Je lui ai promis un lit dans le salon. Il aurait quelque répugnance à aller chez madame G., à ce que je crois, surtout depuis que je viens de me faire payer par son frère. Elle sera persuadée que c'est lui qui m'a donné le bon conseil que j'ai suivi. Ducis aura la complaisance, samedi, d'accepter un lit chez notre voisine. Robin viendra probablement avec M. de N. et G. le même jour, et retournera avec eux; mais il a un lit à Pontoise.

Je suivrai tes conseils, ce sont des ordres pour moi.

Je t'ai acheté une belle feuille de fleurs peintes, et, par occasion, j'ai été chez l'imprimeur qui les peint. J'ai traité avec lui pour mes exemplaires coloriés.

J'ai passé chez Girodet que je n'ai pas trouvé; j'y retournerai aujourd'hui pour le prier de me peindre un exemplaire de son dessin sur une contre-épreuve. J'y passerai avec Ducis en allant chez M. Lemoine. J'engagerai Girodet à venir lundi peindre son dessin à la campagne. C'est à cette époque que j'invite ton amie, afin de ne te pas donner à la fois trop d'embarras pour les couchers.

Te voilà donc paralytique, ma bonne amie. Ne t'afflige point; je travaillerai auprès de toi; je te consolerai par mon amitié; je baiserai tes pieds et les réchaufferai de mon amour.

Je suis accablé d'écritures : car, chaque jour, je m'occupe de mon préambule, je réponds à des lettres, j'en écris à plusieurs personnes, je fais des courses, et tous ces embarras augmentent par le départ de Catherine qui doit te remettre la présente ainsi qu'une lettre ci-jointe de ta tante.

J'attends avec la plus grande impatience le moment de t'embrasser. Baise pour moi ta mère si bonne et mes chers enfans, afin que je retrouve tous ces baisers sur tes joues et qu'ils te rendent encore plus chère à mon amour, s'il est possible.

Ton tendre époux,

De Saint-Pierre.

Paris, ce lundi 8 fructidor an XIII.

N° 5.

❋

A SA SECONDE FEMME.

Il me sera bien difficile, ma chère amie, de me rendre auprès de toi de toute la semaine. Il faut être pied à boule, quand on veut saisir celle de la fortune.

Je te ferai aussi observer que c'est dans le commencement du mois prochain, qui est aussi celui de la semaine, que je toucherai plusieurs indemnités et pensions. Le mercredi est pour ma classe un jour d'assemblée publique; il y a donc apparence que je ne pourrai t'embrasser que le jeudi jour de la Fête-Dieu. Pour me dédommager de ton absence, je te rendrai compte chaque jour de ma conduite et je ferai tes commissions; je t'enverrai, samedi prochain, mon nouveau journal qui datera d'aujourd'hui mercredi. Je n'ai appris, hier au soir, que des nouvelles vagues, et qui cependant m'ont été confirmées par le jeune R. qui sort de chez moi. Dimanche, on a affiché et crié dans les rues que Paris allait périr par une pluie de feu. Une foule de gens ont accouru dans les églises pour faire baptiser leurs enfans, ou se faire administrer le sacrement de mariage; plusieurs personnes sont mortes de peur; d'autres en sont encore dangereusement malades. On dit que c'est un abbé astronome qui a renouvelé ces bruits de la fin du monde. La police a fait arrêter plusieurs de ces aboyeurs.

Ris, tendre amie, de la faiblesse et des artifices de l'esprit humain, et remercie Dieu de t'avoir donné un cœur droit et un sens juste; pénètre nos enfans de cette chaleur divine, comme une poule réchauffe de la sienne ses poussins. « Un esprit sain dans un corps sain : Voilà ce que l'on doit demander aux Dieux, » dit Juvénal. C'est la perfection de l'éducation pour nos enfans; puissent-ils, par leur obéissance et leur affection pour toi, te dédommager des peines qu'ils te donnent par leur défaut de réflexion, naturel à leur âge! Leurs cerveaux mobiles ne sont pas comme celui de leur père, où le burin du temps a gravé de longs ressouvenirs. Il leur suffit, quant à présent, pour leur bonheur, d'avoir comme moi, dans leur cœur, le sentiment de tes vertus, pour y rétablir l'équilibre de leurs passions. Je t'embrasse avec eux, ainsi que ta bonne mère, de tout mon cœur.

Ton meilleur ami,

De Saint-Pierre.

Paris, ce 28 mai.

N° 6.

A SA SECONDE FEMME.

L'absence de la femme clairvoyante rend le mari borgne; elle le prive de la meilleure partie de ses organes. La tienne, mon ange, me jette de plus en plus dans un état d'indolence que je ne puis surmonter. Il faut absolument que j'aille te voir et que tu me rendes mon aimant; c'est ce que je compte faire jeudi prochain au soir, car il est impossible que je puisse partir jeudi matin; je suis accablé d'affaires et je n'ai pas encore recouvré ma santé.

J'attends le tailleur avec ses boutons. J'ai à présent dans ma cave le tonnelier qui tire une pièce de vin rouge et qui m'a conseillé de renvoyer, au mois d'août, le tirage d'une feuillette de vin blanc qui casserait, selon lui, les bouteilles, si on la tirait à présent. Il va remettre aussi en petite pièce le vin de Roussillon.

Après t'avoir donné un aperçu de ton ménage, venons à ta famille. Paul notre fils est venu à son ordinaire me voir, le jour de l'Ascension. J'irai demain mardi payer son quartier. Je l'ai mené dimanche aux Français. Arrivé à la porte de la comédie, je ne trouve plus dans mes poches ni argent, ni montre, ni lorgnette; j'avais laissé le tout sur ma table. Paul, témoin de mon embarras, part comme un éclair, et me rapporte tout ce que j'avais oublié, dans moins d'un quart-d'heure, au grand étonnement des soldats et de la buraliste qui m'avait offert cependant des billets. Tout le monde me félicitait d'avoir un fils si alerte et si occupé du soin de plaire à son père; c'est un trait d'héroïsme filial. Je l'ai couvert de baisers.

Pourquoi, vu la bonne volonté de M. F. de N., ton protégé ne ferait-il pas d'une pierre deux coups, en trouvant un bon mariage à la faveur d'une place avantageuse, et le cautionnement de la place dans le mariage? Les gens qui courent après la fortune, doivent faire comme les chiens de chasse, qui ne s'amusent pas à lécher un os, mais qui donnent de bonnes happées en pleine chair.

Je suis à la quête de mes revenus, dont les principaux ne sont pas encore rentrés.

Notre malheureux confrère Domergues a enfin terminé sa douloureuse carrière. Je crains que cet événement ne m'oblige de retourner à Paris au premier mercredi de juillet pour une nouvelle élection.

Adieu, chère moitié de moi-même. Jeudi au soir, je compte t'embrasser. Hâte-toi de m'écrire, si tu as quelques commissions à me donner; il faut que je sorte par la chaleur qu'il fait, laissant le tonnelier dans ma cave et Thérèse en plein champ pour reconduire mon Paul.

Je t'embrasse de tout mon cœur.

Ton ami pour la vie,

BERNARDIN DE SAINT-PIERRE.

N° 7.

✻

A SA SECONDE FEMME.

Enfin, ma chère amie, j'ai obtenu de faire mon discours d'adieux et de réceptions dans la même séance, pour nos six confrères vivans et morts. Un d'entre eux (l'abbé Delille), qui n'est ni l'un ni l'autre, s'était venu asseoir auprès de moi. Je l'ai trouvé si aimable et si amoureux de la campagne, et il m'a fait des complimens qui m'ont fait tant de plaisir, que je lui ai offert de venir à Éragny jeudi prochain, et d'y passer quelques jours. Il m'a pris au mot, et m'a demandé seulement la permission d'y mener une des dames qui prennent soin de lui et à laquelle, dit-il, il doit ma connaissance; dans tout ceci, je n'ai eu en vue que ta dissipation. Tu auras sûrement de jolis vers, car il aime les belles femmes. Notre petite chaumière sera illustrée de sa présence, et comme poëte et comme malheureux. S'il me tient parole, j'amènerai avec moi Élisabeth, jeudi prochain, afin que tu ne sois pas si embarrassée de sa réception. Songe que c'est un hôte que Jupiter nous envoie.

Je m'occupe si fort de mon discours futur, que certainement tu en auras l'avant-dernière copie à mon retour. J'ai fait interdire ma maison à tout le monde.

J'ai rencontré, ce matin, M. Félix. Il a reçu son ordre de partir pour le Portugal, avec 500 livres pour le mener jusqu'à notre armée. Il est au comble de la joie; il a fait demander une audience au ministre de l'intérieur. Il veut absolument me venir voir: il part samedi. Je me réjouis de son bonheur et surtout de ce qu'il est un de ces hommes rares qui disent la vérité.

Ton libraire m'a remis un dictionnaire pour Paul et ton Gresset relié.

Je t'embrasse de tout mon cœur, mon

ange. Je suis si occupé de mon discours et des visites, que j'ai oublié de faire partir ma lettre. Je viens d'entendre le discours de M. Renouard, qui est court et beau au possible. J'ai oublié de te dire que nous avions reçu M. Picard à la place de M. Dureau-Delamalle. Ainsi, je serai obligé de répondre à trois poëtes.

Thérèse a fait tes commissions et les a remises, avec une partie des paniers vides, à la diligence. Je suis content de ses services; dans le même jour, elle est allée au quai de la Tournelle payer les impôts de ma maison Reine-Blanche, est revenue me faire à dîner, et le soir est allée rue Montorgueil.

Adieu, tendre amie, embrasse ta mère et nos enfans. Je te dirai des douceurs la première fois. Mon intention est de partir jeudi seul ou avec l'abbé Delille. Ton ami à la vie et à la mort,

BERNARDIN DE SAINT-PIERRE.

Ce vendredi 30.

Pour t'amuser, je t'envoie l'état de nos scrutins pour l'élection.

M. Poirier de Dunkerque vient de me faire

remettre la Vie fort courte de Jean Bart, avec une foule de notes justificatives, une belle lettre, etc. Voilà encore une réponse à faire. Où es-tu, mon pauvre secrétaire?

On m'a envoyé le Mercure avec le premier cahier imprimé de Socrate.

N° 8.

✻

A SA SECONDE FEMME.

Ce dimanche matin.

Je suis arrivé en bonne santé, ma bien-aimée. Ducis, qui m'attendait sur la route, m'a conduit à son agréable ermitage, où, après avoir déjeuné pour la seconde fois, nous nous sommes acheminés dans les bois voisins. Là, parmi les fleurs et à l'ombre des chênes et des peupliers, nous nous sommes occupés de toutes sortes de sujets. Tu as fait souvent, ainsi que nos enfans, celui de la conversation. Quoique

17*

Ducis ait réglé l'emploi de chaque jour, jusqu'à jeudi, j'ai senti qu'il ne me serait pas possible de vivre si long-temps absent de toi. En conséquence, nous avons réglé notre départ à mercredi matin; où tu nous attendras à dîner l'un et l'autre. Le lendemain, jour d'Institut, je dînerai chez lui avec son frère qui part pour Saint-Domingue où il est nommé grand-juge.

Tu nous donneras un dîner simple, mais où il y ait un plat de marée, si elle est fraiche, ou de la morue qui n'ait pas trop de sel. Ducis me charge de te présenter toutes les assurances de son estime et de son attachement.

Je t'embrasse de tout mon cœur, la plus chérie et la plus aimable des femmes; écris-moi immédiatement après la réception de la présente, sans brouillon; ta lettre est pour moi seul. Donne-moi des nouvelles de nos chers enfans. Ne m'envoie pas d'autres lettres, à moins qu'elles ne soient pressées. Embrasse pour moi nos enfans et ta mère; mille tendres respects à madame de Krüdner et à son aimable fille.

Adieu, Ducis me presse et la poste aussi.

Le papier ne suffirait pas, si je voulais exprimer tout ce que tu me fais sentir.

Ton tendre époux,

De Saint-Pierre.

N° 9.

✱

A SA SECONDE FEMME.

Les amitiés réitérées du prince Joseph Buonaparte m'obligent de rester encore aujourd'hui dans son parc enchanté ; mais, bien certainement, j'aurai le plaisir de te voir et de t'embrasser demain avant midi ; cette lettre doit t'être remise ce soir, le prince m'en a donné sa parole. J'aurai à te consulter, car je ne fais aucun projet de bonheur que tu n'en sois le principal objet, ainsi que nos chers enfans et tout ce qui t'intéresse.

Je t'embrasse de tout mon cœur.

Ton ami,

De Saint-Pierre.

N° 10.

A SA SECONDE FEMME.

Tu verras, ma bonne amie, par le reçu ci-joint, que j'ai fait ta commission. Je te porterai une brochure qui m'amuse beaucoup. C'est une Vie de madame Du Barry, assez bien écrite. On pourrait l'intituler : *Origine de la Révolution*. En rapprochant ce temps du nôtre, que nous devons nous trouver heureux! Je m'en tiens plus que jamais à mes principes; l'ordre ne se rétablit que par des révolutions. La nôtre a été affreuse; mais enfin, les maux sont finis et le bien commence. Le cardinal Maury se met sur les rangs pour entrer dans notre classe à l'Institut, à la place de M. Target. Quoique je n'aie eu aucune liaison avec lui, j'ai dit tout haut que je lui donnerais ma voix : 1° parce qu'il a déjà été de l'Académie; 2° parce qu'il a beaucoup de talent; d'ailleurs, puisque l'Empereur le déclare cardinal, nous aurions mauvaise grâce de le refuser comme académicien. Il ne faut pas oublier que c'est à Napoléon que l'Académie elle-même doit son rétablissement. Enfin, je n'oublierai jamais que je lui dois celui de ma fortune dont les douces influences se répandent sur toi, sur nos enfans et sur ma pauvre sœur.

Je t'embrasse tendrement.

DE SAINT-PIERRE.

25 septembre 1806.

N° 14.

✽

A SA SECONDE FEMME.

Ma chère Désirée, j'ai trouvé, à mon arrivée, une lettre datée de Chantilly, qui m'invitait à rester toute la matinée chez moi le lendemain. Elle était remise au cocher et taxée deux francs qu'on me promettait de rembourser. On m'annonçait une affaire de la plus grande importance pour moi, telle qu'on ne pouvait en rien confier au papier. J'ai attendu, et personne n'est venu. Les événemens viennent deux à deux. Le lendemain, je reçois de Nîmes un paquet taxé dix-huit sous. C'était un petit imprimé anonyme où on se plaint amèrement de Pillardeau, en prison, dit-on, pour affaires criminelles. On appelle, je crois, ces sortes de lettres, des lettres de Jérusalem.

Le lendemain, j'ai reçu de la part du prince Joseph une invitation pour me trouver au cercle, chez lui, à neuf heures du soir. Je n'y ai pas manqué; on s'y portait. J'ai reçu, de la part de Son Altesse Impériale, l'accueil accoutumé, et j'ai eu de plus le plaisir de renouveler connaissance avec le prince Louis, qui m'a témoigné le désir de me voir chez lui. Je lui en demanderai incessamment le jour, car je veux finir auparavant mon préambule; j'y ai fait, à la fin, quelques retouches qui, je pense, seront de ton goût.

M. Thiénon est venu chez moi pendant mon absence. Quand le temps sera un peu remis au beau, je lui porterai le dessin d'Isabey.

J'ai remis avant-hier la planche et le modèle de Girodet, à Langlois, imprimeur en couleurs, qui doit m'en apporter lundi un essai, après l'avoir présenté au maître. Je l'ai invité, avec Grand-Jean, à manger, le lendemain de notre arrivée, le morceau de veau dont tu m'as gratifié. C'était à la sortie de notre séance de l'Institut où nous avons donné le prix de poésie à Charles Millevoye, que tu as vu, je crois, chez moi. C'est une pièce dont on parlera. A mon arrivée, j'ai trouvé un nouveau convive, Ribault, qui m'a rapporté l'original de mon portrait. La planche est chez l'imprimeur qui se prépare à la tirer.

Hier, on me dit chez le prince que l'Empereur venait de faire treize mille prisonniers, parmi lesquels deux mille Russes. Régnault de Saint-Jean-d'Angely m'a dit que si je m'étais trouvé mardi à l'assemblée générale de l'Institut où l'on a voté une statue à l'Empereur, j'aurais été chargé d'en faire la proposition. Je lui ai répondu qu'il ne m'appartenait pas de m'approprier les fonctions de nos présidens.

N°. 12.

※

A SA SECONDE FEMME.

Enfin, ma chère amie, ta tante est relevée ; elle doit venir déjeuner ce matin chez moi, et part après-demain, lundi, pour aller voir sa fille. J'espère qu'avant son départ elle fera remettre l'ordre dans ses coffres. La voici qui arrive ; elle m'avait demandé hier les *Pensées de Cicéron*, pour l'amuser dans son lit, mais je ne les ai point.

J'ai bien envie de te revoir ; je dépense ici mon temps en menue monnaie, et quelquefois en disputes : j'en ai eu une vive à l'Institut. Imagine-toi qu'ils ont mis dans leur nouveau Dictionnaire, au mot *appartenir : Il appartient à un père de châtier ses enfans.* Je leur ai dit qu'il était étrange que de cent devoirs qui liaient un père à ses enfans, ils eussent choisi celui qui pouvait le leur rendre odieux. Là-dessus, Morellet, le dur; Suard, le pâle; Parny, l'érotique; Naigeon, l'athée; et autres, tous citant l'Écriture et criant à la fois, m'ont assailli de passages et se sont réunis contre moi, suivant leur coutume. Alors, m'animant à mon tour, je leur ai dit que leurs citations étaient de pédans et de gens de collège, et que, quand je serais seul de mon opinion, je la maintiendrais contre tous. Ils ont été aux voix, levant tous la main au ciel; et, comme ils s'applaudissaient d'avoir une majorité très-grande, je leur ai dit que je récusais leur témoignage, parce qu'ils étaient tous célibataires. Telles sont les scènes où je m'expose quand je veux soutenir quelque vérité naturelle; mais il me convient de temps en temps de défendre les lois de la nature contre des gens qui ne connaissent que celles de la fortune et du crédit.

Notre déjeuner vient de finir; ta tante prend congé; le layetier est là-bas.

J'envoie à madame La Bourdonnais la Vie de son père, dont je viens de recouvrer deux exemplaires par le plus grand bonheur.

Donne-moi de tes nouvelles, ma chère amie, ainsi que de nos enfans. J'aspire après le repos de la campagne. J'espère être libre jeudi.

Ton ami,

DE SAINT-PIERRE.

Ce samedi 23 septembre 1806.

N° 13.

A SA SECONDE FEMME.

Mon argent s'en va aussi vite qu'il m'arrive. Le temps s'écoule avec la même rapidité. Je ne peux m'occuper à loisir de mes propres travaux. Je suis exact à me trouver aux heures de notre commission pour ceux de notre classe, et hier il n'y avait personne. On s'est rassemblé en assez bon nombre à l'heure de la séance où nous étions expressément convoqués pour le renouvellement du bureau. J'en ai été nommé président suivant l'usage qui porte le vice-président à la présidence.

Le cardinal Maury a eu une voix; j'ai eu toutes les autres, excepté encore la mienne que je ne m'étais pas donnée. Mais ne voilà-t-il pas l'envie qui se réveille? En sortant, quelques amis du cardinal, qui allaient dîner chez lui dans sa voiture, observaient que ce serait à moi qu'il appartiendrait de féliciter l'Empereur, et qu'il serait impossible de m'entendre à cause de la faiblesse de ma voix. « Si la chose arrive pendant ma présidence, leur ai-je dit, je suis bien résolu de réclamer mes droits. J'ai assez de voix pour lui parler à six pas de distance. Mais ne vous inquiétez pas, mon règne sera passé avant qu'il ait fini le cours de ses victoires. » Tu sais qu'il vient de battre les Russes, et qu'il est à leur poursuite. Hier, j'ai lu un trait qui m'a fait plaisir. Deux jours avant la bataille d'Eylau, il était logé à deux lieues de là, dans un village. Il occupait la maison du ministre, située à mi-côte, et il avait couché dans sa bibliothèque. Il y avait sur la table un livre des amis¹. Quand il fut parti, le ministre y trouva écrit de la main de l'Empereur: « Heureux asile de la tranquillité,

---

¹ Un Album.

pourquoi es-tu si voisin du théâtre des horreurs de la guerre ? »

Ne semble-t-il pas qu'il pensait à notre Eragny ? S'il t'y avait vue avec notre chère famille, crois-tu qu'il eût donné bataille ! Je t'avertis que s'il m'échoit de le haranguer, je te chargerai de corriger mon discours. En attendant, je t'embrasse ainsi que ta mère et nos enfans. Vous me reverrez tous jeudi au soir, s'il plaît à Dieu. Je te récrirai dimanche ou lundi.

Ton ami,

DE SAINT-PIERRE.

Ce 25 juin 1807.

Je décachète ma lettre pour te dire que le bruit court que la paix est faite. On a tiré force coups de canon ce matin.

N° 14.

✻

A SA SECONDE FEMME.

Ce jeudi 23 juillet 1807.

Nous sommes arrivés, ton amie et moi, à onze heures cinq minutes. De-là, j'ai conduit notre amie chez elle où sa mère était encore ; mais je n'ai pu la voir parce qu'elle était sortie.

De retour chez moi, j'ai trouvé la lettre incluse à ton adresse ; une autre de M. Gardel, désolé de ce que le répertoire de l'Opéra ne s'est pas trouvé en harmonie avec mes allées et venues à la campagne. « Il se flatte qu'a-

» vant peu, il aura la douce satisfaction de
» m'offrir et de me voir occuper une loge
» qui sera toujours à la disposition de ma
» respectable famille quand cela pourra m'ê-
» tre agréable. »

Rien n'est plus aimable que sa lettre. J'ai envie de faire de la même pierre cinq à six coups. Comme on persiste à dire que l'Empereur arrivera à la fin du mois, et qu'il est probable que vers ce temps le ballet de Paul et Virginie sera joué, je demanderai pour cette époque une loge à M. Gardel, et vous viendriez tous ensemble, ta mère et nos enfans; et même Élisabeth. Mais ne bougez encore que je ne vous l'aie mandé. Tenez-vous coi, comme les petits de l'alouette. Aie soin de les faire bien repaître; d'étude peu, à cause de ces grandes chaleurs. Baise-les tous pour moi.

Je vais aujourd'hui chez mon imprimeur pour voir où en est mon édition nouvelle. Je dînerai dans le quartier, et, en revenant, je passerai chez madame de Maison-Neuve. Point de nouvelles du baril de beurre.

Je vais écrire une lettre de félicitation à M. de Lacépède. Je n'ai pas un moment à perdre. Adieu, mes éternelles amours, ma joie, mon bonheur. Je t'embrasse de tout mon cœur.

Ton ami,

De Saint-Pierre.

J'ai fait acheter des figues pour mon déjeuner; on en crie partout. Pour avoir des figues mûres de bonne heure, il faut tenir les figuiers fort bas; voilà ce que m'apprend ma marchande de figues. Je profite de tout. — Je t'écrirai samedi ou au plus tard dimanche.

N° 15.

✻

A SA SECONDE FEMME.

Je te rends bien, ainsi qu'à nos enfans, les affections religieuses que tu me portes. Les plus doux momens du matin et du soir sont ceux où je me réveille et où je m'endors, recommandant à Dieu ce que j'ai de plus cher au monde.

On commence ici à respirer; un orage pluvieux a rafraîchi le temps. Nous n'avions eu jusqu'alors que du vent qui ne faisait qu'embraser l'atmosphère.

J'ai trouvé un fameux jardinier qui me fournira des sapins, des genevriers, des houx, des bouleaux bien enracinés, de huit pieds de haut ; mais ce ne sera qu'après les chaleurs.

Je t'apporte une lorgnette semblable à celle que j'ai, dont je veux te faire un petit cadeau, afin que tu m'aperçoives de loin. Pour moi je ne te perds point de vue. Je te vois de jour et de nuit au sein de ma famille dont tu fais le bonheur. Embrasse-la pour moi, chère Désirée.

Ton ami,

De Saint-Pierre.

Ce 1er août 1807.

N°. 16.

✻

A SA SECONDE FEMME.

Hier au soir, à mon arrivée, j'ai trouvé sept lettres, deux billets de théâtre pour Saint-Cloud, pour dimanche dernier, et un billet d'enterrement de mon ami Gauthey, mort du mardi 15. Il a disparu de dessus la scène du monde, après avoir éprouvé dans les derniers temps de sa vie les plus cruels tourmens, ou par la nature de sa maladie, ou par la faute des chirurgiens. Il jouit maintenant du repos vers lequel nous amène chaque jour la nature et auquel il aspirait depuis long-temps. Il ne sera point remplacé ici-bas; il manquera toujours à ses amis et à son corps par ses vertus et son génie laborieux, sage et profond. Je le regretterai toujours, non pour lui, mais pour moi. Il avait quelque chose de Socrate; mais il n'en avait pas la fermeté, et je crains bien qu'il n'ait été tourmenté à la fin de sa vie autant par ceux qui se disent les médecins de l'ame, que par ceux qui se prétendent les médecins du corps. Quoi qu'il en soit, je le trouve heureux de n'avoir affaire qu'à Dieu seul, qui le dédommagera des maux qu'il a soufferts. Pour moi, je me félicite en perdant un ami sur la terre de le voir dans le ciel.

Ces idées m'ont rappelé un certain projet dont tu m'as fait part relativement à notre Virginie. Si tu la confies au médecin du voisinage, tu peux être assurée qu'il sera toujours chez toi; je ne jouirais plus de ma solitude. Si toi ou ta mère lui ont fait concevoir cette espérance, il faut la faire évanouir en lui disant que je tiens à faire cette opération lorsque je serai à Paris; parce que c'est le lieu de mon domicile. En effet, les médecins de ce pays ont tant de malades, qu'ils n'ont pas le loisir de s'attacher à ceux qui se portent bien : tu m'entends. Le temps est venu de parler comme Pythagore : « Abstenons-nous de fèves, et surtout de noires. »

Ma sœur nous remercie tous deux du *magnifique, exemplaire*, et ne me dit pas un mot de ce qu'il renferme : elle attend de son docteur ce qu'elle en doit penser. Elle finit par me dire que sa santé est toujours dans le même état, en souffrance. Le croira-t-on de cette grosse joufflue ? C'est une étrange politique que celle d'une vieille dévote ; sa conscience est dans la cervelle d'un homme qui souvent n'a plus de conscience. Je m'en vais lui envoyer *cent francs* ; cependant elle n'a pas voulu avoir la franchise de me dire lequel elle aimait mieux avoir sa pension à la fin de l'année ou par semestre. J'ai opiné pour moi.

Me voilà en quête d'argent. M. Rigault m'a mandé il y a dix jours qu'il avait le besoin le plus pressant d'un nouvel à-compte sur l'édition de Paul et Virginie. Je lui porterai demain 500 francs, et je tâcherai de lui en donner autant à la fin du mois, si mes créanciers me paient moi-même.

Nous sommes dans la saison des contre-temps, dans les jours caniculaires : hier j'en ai éprouvé, dans la voiture, avec des jeunes gens à moitié ivres, qui ont chanté à tue-tête jusqu'à Saint-Denis. Enfin, un compagnon de voyage, M. Chevalier, homme aimable, a perdu patience, et leur a dit qu'il n'y pouvait plus tenir. Je l'ai fortement appuyé, et leur ai reproché, surtout au plus emporté, son impertinence; ils ont été si surpris de cette charge inattendue de la part de gens silencieux jusqu'alors, qu'ils ont fait des excuses et se sont bien conduits jusqu'à la fin du voyage. La vie, parmi nous autres Français, est un état de guerre même au sein de la paix. Le seul moyen de vaincre nos ennemis lorsqu'ils sont en force, ou qu'ils tiennent à un grand parti et qu'ils vous croient terrassés, c'est de faire une sortie sur eux au moment qu'ils s'y attendent le moins. Autre contre-temps : j'ai pris une voiture à la Porte-Saint-Denis, et nous avons rencontré une foule de gens, rue de Cléry, devant la porte d'une maison où un homme venait de tuer sa femme et ensuite s'était tué lui-même. Ce qu'il y a de singulier, c'est que Nanette, que j'ai envoyée ce soir chercher mes clefs rue du Faubourg-Saint-Denis, a vu dans une autre rue quantité de monde rassemblé pour un événement tout-à-fait semblable à celui de la veille.

Au reste, pour effacer tous ces nuages, je te dirai que la paix est faite entre la France et la Russie; c'est une très-bonne nouvelle et très-assurée, car je l'ai lue moi-même dans le *Moniteur*.

Du jeudi 24. — Tu penses bien, tendre amie, qu'il me sera impossible de partir demain avec tant de commissions, de courses, de l'argent à recevoir et à payer, de réponses à faire : ce sera malgré moi pour la huitaine. Je t'écrirai lundi prochain; mais fais-moi le plaisir de répondre à la présente, afin de me dédommager de ton absence. Désormais je veux passer huit jours de suite avec toi, et huit jours à Paris. Je dépense tout mon temps en route sans avoir celui de faire mes affaires; elles m'accablent. M. Guillaume vient de m'écrire pour me demander des lettres de recommandation pour Douai. Des fous auxquels je ne répondrai pas me tourmentent, entre autres M..... Il voudrait que je fisse la cour à son inexorable maîtresse, qui a gardé son exemplaire, et ne lui répond point. O chère solitude d'Éragny, où je trouve le repos qui m'est si nécessaire au sein des muses et dans celui de ma famille! Je t'embrasse, ma tendre amie, toi, ta mère et nos enfans.

Ton ami pour la vie,

DE SAINT-PIERRE.

N.º 17.

✴

A SA SECONDE FEMME.

Ce sera jeudi que j'aurai le plaisir de t'embrasser, vers les huit heures du soir. La lune aura déjà six jours : il fera bon voyager.

Hier dimanche, j'ai été porter la lettre de ton père chez M. de la P...; j'y ai joint quelques lignes de recommandation ; je l'ai laissée à la portière, le maître et la maîtresse étant absens. J'en avais fait à peu près autant chez MM. T..., P... et P... que je n'ai pas trouvés : j'ai laissé mes cartes au portier. M. P... m'avait écrit quelques jours avant la lettre la plus folle pour me nommer *grand premier président provisoire à vie*, de la part des grands doyens d'honneur du cercle commercial. Je m'en suis excusé ; mais comme il m'avait fait une visite avec M. T..., j'ai cru devoir la leur rendre. Ils étaient absens : tu vois que je suis tes conseils.

J'ai été samedi voir les magnifiques meubles de l'École Polythecnique ; je t'en parlerai à loisir. Aujourd'hui lundi, j'irai voir les tableaux : nouveau sujet de conversation. Mais faut-il en chercher avec toi, la plus chère moitié de moi-même ? Toi qui m'inspires, tu es ma muse !

Dupont de Nemours, dont tu as dû voir une lubie dans le Journal de l'Empire, part incessamment pour l'Amérique, à quatre-vingt-un ans. M. Turgot disait de lui qu'il ne serait jamais sage.

C'est à toi qu'il appartient de faire des bons mots. Qui est-ce qui a dit que G.... lisait toujours sa pensée dans l'ame des autres ? et tant d'autres ! Il faut que je retourne rallumer ma bougie à ton soleil. Je ne compte pas récrire d'ici à mon départ, qui aura lieu jeudi après midi; mais si tu en as le temps, fais-moi un petit mot de réponse.

Embrasse pour moi nos chers enfans : dis-leur que je m'attends à être régalé de quelques fables nouvelles. J'espère trouver ta mère toute consolée de la perte de son âne, par l'achat d'un nouveau qui se mettra à braire en me voyant. Adieu, mes délices, c'est près de toi que je veux vivre et mourir.

Ton mari,

BERNARDIN.

Paris, ce 13 octobre 1807.

Un jeune homme gros, gras, rougeau, à moitié gris, mais fort mal vêtu, est venu chez moi avant-hier. Il m'a abordé d'un air très-riant, et m'a demandé si je ne le connaissais pas. C'était M. M..., celui qui l'année passée m'emprunta dix écus pour entreprendre un voyage en Suisse. Il m'a dit qu'il venait d'hériter, pour sa bonne part, d'un parent fort riche, mais qu'il n'avait pas le moyen de retirer de la poste une lettre qui lui en apprenait la nouvelle en détail. Comme je gardais un grand sérieux, il a ajouté, toujours en riant, qu'il n'avait pas mangé depuis la veille. J'allais me mettre à table ; je lui ai donné une pièce de 20 francs pour me débarrasser de lui. Il en a été tellement affriandé, qu'il est revenu deux fois le lendemain; mais pour cette fois ma porte lui était interdite, ainsi que pour l'avenir. Quelle honte, qu'un jeune homme qui paraît si bien né mène une pareille vie!

N.º 18.

A SA SECONDE FEMME.

Je me hâte, ma chère amie, de te faire passer, par la messagerie, un billet de 500 fr. Ta mère m'a fait un si affligeant tableau du dénuement où allaient se trouver nos pigeons, nos canards et nos pauvres poules, si tu ne profitais, samedi prochain, du marché de Pontoise, que je me suis représenté tout notre bétail haletant et becquetant les murailles, faute de grain, et cela, pour ne t'avoir pas envoyé à temps de quoi renouveler leurs provisions. Je te prie cependant, ma chère amie, de faire en sorte que le marchand de bois et le pompier soient préalablement acquittés sur cette somme de 500 francs ; tu en ménageras le reste avec ton économie accoutumée.

Dans ce moment arrive ta bonne amie Élisa ; elle m'a prié de t'assurer de sa tendre amitié ; elle reviendra nous voir ce soir. Adieu, chère amie, embrasse pour moi notre cher Paul ; je lui donne la charmante commission de t'embrasser à son tour.

Ton ami pour la vie,

DE SAINT-PIERRE.

Ce 2 juin 1808.

N° 19.

*

A SA SECONDE FEMME.

Je me hâte, chère amie, de répondre à la lettre que tu m'as fait l'amitié de m'écrire, hier samedi; c'est une étoile qui a illuminé mon ciel mélancolique, depuis que j'ai quitté mon Paul studieux, ma fille d'Écouen et ma femme, unique par toutes sortes de vertus et de charmes. Il n'y a pas jusqu'à cette pauvre Colette dont la santé ne m'inquiète. J'arriverai vendredi prochain au soir à Éragny, avec des fonds plus que suffisans pour payer mes dettes. Hâte mes maçons et surtout le menuisier, afin que la porte se trouve achevée en même temps que le mur. Pour Jean-Louis, qui s'offre de couper mon mur de séparation, je ne sais point de quel Louis tu veux me parler, si c'est de Louis-le-Vert ou de Louis le jardinier : c'est au premier à jeter les débris de sa construction dans le fond de sa carrière. Nous tirerons cette affaire au clair samedi prochain. En attendant, divertis-toi avec nos enfans le plus que tu pourras; promène-les le long de l'Oise avec Colette, la dolente. Si, dans tes loisirs, tu pouvais ranger ma bibliothèque avec ta petite troupe, ce serait une belle occasion pour ma fille Virginie de faire voir ses talens en géographie. Il ne s'agit que de ranger dans le rayon le plus élevé les Voyages d'Europe, et successivement ceux d'Asie, d'Afrique, d'Amérique et du tour du monde. Mais je crains trop les chutes: nous nous en occuperons à notre retour à l'aide de plusieurs matelas.

Presse le menuisier : il est bien complimenteur ; je ne me fié pas trop à lui quoiqu'il m'ait donné sa parole de fournir cette porte sous trois semaines.

Songe, ma belle et ma chère, que le plus doux fruit que je me suis proposé en entreprenant ces travaux, est ton propre bonheur et celui de nos enfans. Si vous devez un jour être heureux dans cet asile de ma vieillesse, je le suis dès à présent.

Je vous recommande tous à celui qui n'a commencé ma fortune que depuis que tu es ma femme, et qui vous servira un jour de père.

Je t'embrasse de tout mon cœur, ainsi que ta petite troupe chérie. Mes enfans, contentez bien votre bonne maman.

Ton cher mari,

DE SAINT-PIERRE.

Ce dimanche matin.

N°. 20.

*

À SA SECONDE FEMME.

Je compte, mon ange, arriver à Éragny jeudi au soir, s'il plaît à Dieu, et repartir d'Éragny le mardi suivant, pour assister à l'élection d'un candidat de l'Institut. Je retournerai ensuite, le surlendemain jeudi, auprès de toi, pour y rester jusqu'à la fin du mois, et te ramener à Paris au commencement du mois de juillet.

J'ai rempli tes commissions de crayons et de couleurs, j'ai même une excellente bouteille d'eau de Cologne. On va m'apporter ta tente : la voici qui arrive avec ses bâtons; elle coûte 99 francs, sans ce que coûtera la pose. Je n'épargne rien, ma chère amie, pour embellir un jardin qui fait tes délices et les miens.

Ta mère est remplie d'attention. Pour lui faire passer son temps un peu plus doucement, je l'ai menée hier chez Franconi où elle s'est fort amusée ; mais elle en revient toujours à sa chère fille et à son cher Éragny, où elle se trouve, dit-elle, aussi heureuse qu'en Suisse. M. m'a apporté hier un tiers de 500 fr., ce qui, avec le tiers d'un billet de 2,000 fr., fait environ 832 fr. à compte sur ce que me doivent mes contrefacteurs.

Cet argent s'en va encore plus vite qu'il n'est venu ; mais enfin, c'est la circulation des espèces qui fait aller le commerce, et pourvu que cela rende ta vie meilleure, je ne peux en faire un meilleur usage.

Je suis enchanté de tout ce que tu me mandes de la docilité et de l'application de Paul ; embrasse-le, je t'en prie, pour moi. Il redoublera mes jouissances à la campagne, s'il continue de suivre la route que tu lui traces par tes conseils et par ton exemple.

J'ai baisé les fleurs que tu nous as envoyées ;

elles sont fraîches, comme si tu venais de les cueillir, surtout les roses, ton emblême.

Ton ami,

De Saint-Pierre.

P. S. Que deviennent nos anciens projets de solitude champêtre ? Comment, au milieu de tant d'écritures à répondre, et de visites actives et passives, pourrais-je mettre au net quelques pages de mes anciennes et nouvelles Études ? Je suis comme le scarabée du blé, vivant heureux au sein de sa famille à l'ombre des moissons ; mais si un rayon du soleil levant vient faire briller l'émeraude et l'or de ses élytres, alors les enfans qui l'aperçoivent s'en emparent et l'enferment dans une petite cage, l'étouffent de gâteaux et de fleurs, croyant le rendre plus heureux par leurs caresses qu'il ne l'était au sein de la nature.

Embrasse pour moi nos petits enfans ; tiens-leur toujours lieu de mère.

Ton ami,

De Saint-Pierre.

N° 21.

A SA SECONDE FEMME.

Mon bon ange, enfin te voilà arrivée, malgré les tempêtes. Ta lettre, que je viens de recevoir, mériterait d'être encadrée. Je l'ai reçue ce lundi après-midi, en sortant de chez la reine d'Espagne où je suis allé et d'où je suis revenu en cabriolet. J'ai été fort content de ma visite quoique j'aie attendu plus d'une heure; mais quel dédommagement des inquiétudes sur la santé de mes deux enfans, de ma femme et sur la mienne! J'y ai trouvé le bon M. James qui m'a demandé mon portrait gravé. Ce sera ton affaire de lui en choisir un. Mais ta lettre m'attendait, c'est le bouquet du feu d'artifice. Tu ne t'y occupes que de mon vieux individu, et sur un si mince sujet, tu fais briller des chiffres, des sentimens d'amour, des sentences philosophiques, qui l'emportent sur tout ce qu'a produit l'aimable Sévigné.

Accomplis ton vœu, ma tourterelle, donne tes ordres pour l'établissement de ton colombier, et ramène ta mère qui deviendrait bientôt, seule, un pigeon sauvage. Quant à l'avenir, laisse-toi aller à nos destins. J'espère que les miens te seront favorables comme les tiens me l'ont été. La Providence a soin du moineau comme de l'aigle. Pour moi, je me regarde comme un orme qui a accru son feuillage de celui de la jeune vigne qu'il a supportée, et qui en fait encore son principal ornement, lorsque les années l'ont rendu stérile.

De mardi. — Enfin, je viens de recevoir ton panier de raisin. Je suis fâché de te dire qu'il a été au pressoir. Il est essentiel de couvrir ces petits paniers de petits brins de fagots qui s'entrelacent au-dessus, sans quoi il est abîmé par d'autres paniers.

Paul te désire ardemment ainsi que ta mère. Ton absence le rendait fort triste la dernière fois. Il était le septième de sa classe; mais c'était en thême. Il espère cette fois remonter, en version, sur sa bête.

Je me porte aussi bien qu'il est possible. Mon nez n'a presque plus d'écorchures. Je mène ton ménage de mon mieux.

Je t'embrasse, chère amie, de tout mon cœur. Ma santé revient à vue-d'œil et mes jambes se raffermissent. Adieu, ma Désirée.

Pour toujours ton ami,

De Saint-Pierre.

Ce mardi 19 novembre 1811.

N° 22.

A SA SECONDE FEMME.

Ce mardi, juillet 1812.

J'ai reçu hier ta lettre, ma chère amie; mais comme j'allais chez Grand, j'ai chargé Colette, qui t'envoyait du papier de tenture, de te mander que je répondrais aujourd'hui. Je suis très-content de ses soins, mais rien ne peut me dédommager de ton absence.

Je n'ai pas trouvé hier G.... chez lui. Sa Victoire m'a envoyé chercher un fiacre, et je suis parti pour la rue de Cléry, où je l'ai trouvé chez M. Hue, où il y avait une réunion où j'ai eu le plaisir d'entendre un drame de la composition de sa fille. Nous avons eu à la suite un bon dîner où son fils a chanté de très-jolis vers de sa façon. Ensuite M. Hue m'a fait voir un nouveau tableau de *Paul et Virginie* qui m'a inspiré beaucoup d'intérêt. Après avoir été régalé de toutes les manières, mon ami G..... m'a reconduit chez moi où il m'a fait promettre de venir aujourd'hui dîner avec lui, avec M. Hue et le sénateur Thévenard, chez un de leurs amis communs, que je ne connais pas. Dans deux heures, il viendra me chercher en voiture. En ton absence je me laisse aller à tous les objets de distraction, mais rien ne me distrait..

Ton oncle est venu me voir plusieurs fois. Je l'ai vu aujourd'hui, et je l'ai invité à dîner pour jeudi, jour de ton arrivée. Il a été fidèle à remplir ses devoirs dans les bureaux. Il me charge de te faire ses complimens. Cette feuille ne suffirait pas pour t'adresser tous ceux dont on me charge pour toi, ni ceux que je dois à tous ceux qui te donnent quelque marque d'amitié, dis-tu, par rapport à moi; fais-en aussi à ta mère, qui, j'espère, laissera sa mélancolie à Éragny. Je te recommande à Victoire. Je t'embrasse de tout mon cœur.

Ton véritable ami,

De Saint-Pierre.

N° 23.

✻

A SA SECONDE FEMME.

Vite, vite du papier pour répondre à ta lettre charmante, avant le départ de la poste. Rien n'est plus doux que le plaisir que tu viens me donner par ta description et tes sentimens. Ton cœur en fait plus que la tête de madame de Sévigné.

Tu viens de m'inquiéter en me mandant que tu étais enrhumée comme moi. Au nom de Dieu! mon amie, ménage-toi, quitte des travaux qui peuvent être dangereux.

Il est midi, Élisabeth s'offre de porter ma lettre à la grande poste. C'est une joie que tu ne peux te représenter; Virginie en l'apportant a fait une glissade contre ma porte à se casser la tête; Paul et Élisabeth sont accourus, me priant tous de leur en faire la lecture. Je les ai ensuite embrassés ainsi qu'Élisabeth.

Tu dis que tu n'as plus d'enfant. Paul dernièrement querellait une baguette à la main avec sa sœur. Je lui ai demandé son arme, il me l'a refusée; je la lui ai prise et lui en ai donné un petit coup sur le bras. Il n'a point crié; mais il est devenu immobile, le regard fixé sur moi; et, se levant, il a été à la porte en disant hors de lui : « Oui, vous êtes tous des diables; je veux m'en aller! » J'ai attendu que ce mouvement fût calmé; après quoi je lui ai dit : « Est-ce que je ne dois pas vous corriger, quand vous me désobéissez? — Non, s'est-il écrié, ce n'est que maman! » Je l'ai laissé à la porte qu'il ouvrait et refermait tour à tour. Enfin, rendu à lui-même, un peu aidé des conseils de sa sœur, il est revenu à petits pas vers moi et m'a prié en pleurant de lui pardonner. Si on se rendait maître de sa colère, on le deviendrait de celle des autres. Madame Harvay, à qui j'ai fait tes complimens et part de mon indisposition, m'a répondu qu'elle était si fatiguée ainsi que ta *bonne amie* de leur déménagement, qu'il leur a été impossible de venir me voir. Je les crois aussi sur leur départ pour Fontenay.

M. Roger m'a envoyé hier, jour de l'accouchement de sa femme, qui a fait une fille, la première eau-forte du naufrage de Virginie; elle est d'une grande beauté.

Ton tendre ami,

DE SAINT-PIERRE.

Paris, jeudi 14.

N° 24.

A SA SECONDE FEMME.

Samedi.

Enfin te voilà arrivée, chère amie, malgré le souffle rude de l'aquilon; j'ai fait des vœux pour qu'il soit adouci par les nuages de l'occident, et je vois qu'ils ne tarderont pas à être accomplis. Jeudi, madame Le Groing est passée chez moi pendant mon absence pour me dire qu'elle viendrait dimanche me demander à dîner, et qu'elle reconduirait Paul à son lycée. Accepté.

Hier, vendredi, madame et mademoiselle

Laugier sont venues pour te voir. Elles ont été fort surprises d'apprendre qu'avec un zèle infatigable tu étais retournée aux champs malgré la rigueur du froid. Son enfant la rend toute ronde; elle m'a appris le retour de madame Toscan toujours malade.

Demain, s'il fait beau, j'irai voir les tableaux du Musée avec mon ami Paul qui m'y donnera le bras, mais je doute que j'y voie pour moi rien d'aussi intéressant que le portrait de ma chère fille dont s'occupe ton aimable amie. Embrasse pour moi le sujet et l'auteur du portrait.

Aujourd'hui dimanche enfin Paul est arrivé. Il se porte à merveille. Son nouveau répétiteur consent à se charger de lui depuis un mois. Il se charge de ses progrès. Il est étonné lui-même de ceux qu'il a déjà faits. Il sait déjà lire et écrire le grec. Il est déjà le vingt-cinquième de sa classe composée de deux cents élèves, où il n'est plus que caporal à cause que dans le nouveau changement il s'en trouve de plus anciens que lui. Il est fort inquiet de ne te pas voir. Il me prie de te présenter son respect et ses amitiés, à sa sœur et à mademoiselle Élisabeth. Je vous renouvelle mes baisers à tous. Le temps me presse. Je vais tenter d'entrer dans les salles de tableaux. Adieu, chérie.

Ton ami,

De Saint-Pierre.

LETTRES DE DUCIS

A

BERNARDIN DE SAINT-PIERRE.

LETTRES DE DUCIS

A

BERNARDIN DE SAINT-PIERRE.

N.° 1.

A BERNARDIN DE SAINT-PIERRE.

Versailles, ce 6 pluviose an XII.

Mon cher ami, ce n'est que dans cinq ou six jours qu'un de mes neveux doit aller à Paris. Mais comme je ne manquerai pas d'argent jusqu'à ce temps, je lui remets aujourd'hui cette lettre sur le vu de laquelle vous pourrez lui confier sûrement la somme qui me revient pour mon mois de nivose.

Je suis auprès de mes consolateurs, de vieux livres, une belle vue et de douces promenades. J'ai soin de mes deux santés. Je tâche de les faire marcher ensemble et de n'avoir mal. n'y à l'ame ni au corps. Bonjour, mon cher ami; j'ai besoin qu'il vous arrive quelque bonheur; vous avez une femme si tendre, si vertueuse, de si aimables enfans. Oh! il faut qu'il vous arrive quelque chose d'heureux, c'est le désir de votre ami.

Ducis.

N.° 2.

✳

A BERNARDIN DE SAINT-PIERRE.

Versailles, le 16 pluviose an XII.

Je vous remercie, mon cher ami, de l'argent que vous m'avez envoyé. Ce Lucas de l'Institut est un brave homme. Ma santé est bonne, mais il faut que je prenne des précautions contre les catharres et tout l'aimable cortége de la vieillesse. Après demain, je dînerai chez M. le comte de Balk. Il vient de m'écrire pour m'y engager de la manière la plus pressante. Il faut, mon cher ami, que toute petite rancune s'éteigne entre vous. Vous savez qu'il vous aime et vous l'aimez. Voilà l'essentiel en amitié; il n'y a qu'une assurance, qu'un charme, c'est l'amitié. Nous causerons ensemble, et la bonté naturelle du cœur arrange bien des choses. Il faut que Saint-Pierre, Ducis et Balk soient amis.

Bouchaud était un homme de mérite, d'après ce que vous me dites; il est mort comme un enfant, son joujou à la main.

Tout, mon cher ami, publie la grande vérité des vanités du monde, voilà ce qui doit nous affranchir. J'espère toujours que les temps deviendront plus heureux pour vous, plus heureux pour la fortune, qui est aussi nécessaire, mais jamais plus heureux pour votre intérieur. Votre femme est un quine et vos enfans sont des ternes. Un grand talent, un grand nom, des mœurs pures, une famille charmante, que de sujets de reconnaissance et de cantiques!

Je n'irai point à l'Institut mercredi prochain. Des affaires m'en empêchent. Je vous conterai tout cela.

Je ne puis vous dire combien je me trouve heureux depuis que j'ai secoué le monde. Je suis devenu avare. Mon trésor est la solitude. Je couche dessus avec un bâton ferré, dont je donnerais un grand coup à quiconque voudrait m'en arracher. Mon cher ami, le monde ira comme il plaira à Dieu. Je me suis fait ermite. Votre grotte est ici toute prête. J'y peux recevoir, vous, votre chère femme et mon filleul Paul qui coupe les bras et les jambes aux méchans, et qui pourtant, quand il y a du danger, est tout prêt à se déguiser en pauvre. Cet enfant ne sera pas un homme ordinaire. Mes respects, mon cher ami, à madame de Saint-Pierre; embrassez vos enfans pour moi. A mercredi. L'ermite dit comme le vieil Œdipe :

Je ne sortirai pas de la place où je suis.

Vale et redama ; tuus, etc.

Ducis.

N° 3.

A BERNARDIN DE SAINT-PIERRE.

Versailles, le 28 pluviôse an XII.

Je devais, mon cher ami, vous écrire plus tôt; mais un peu de paresse m'a fait différer. Avant tout, il faut que je vous demande si vous ne pourrez pas me donner quelques éclaircissemens sur une note que m'a remise M. l'abbé de La Farge, chanoine de la cathédrale de Versailles, prédicateur célèbre, avec qui je dîne ici tous les vendredis, et qui prêche, pendant cette année, le carême à Saint-Sulpice. Je désire beaucoup le satisfaire sur sa note, dont voici la fidèle copie.

Sujet du Discours.

« Sur les mauvais traitemens exercés sur les animaux; s'ils ont de l'influence sur les mœurs; s'il est à désirer de proposer quelque réglement pour les réprimer.

» Demander s'il y a quelque chose de prononcé sur ce sujet; ce qu'on a pensé d'un discours n. 3, qui a pour devise deux vers pris du premier chant du poëme de *la Pitié*, de Delille;

» Discours qui sera jugé par la deuxième classe de l'Institut, qui a la morale et la littérature ancienne. »

Vous ferez, mon cher confrère, ce qui vous sera possible pour cette petite instruction que je vous recommande.

J'ai reçu de madame Harvey une lettre, en date du 22 de ce mois, par laquelle elle a bien voulu me marquer qu'elle était heureusement rendue à sa famille et à ses amis. Je vais lui répondre pour la remercier de son attention délicate et des sentimens si obligeans qu'elle me témoigne.

Voilà le mercredi, jour de l'agréable dîner, qui s'approche. J'ai promis à M. le comte de Balk et à vous, mon cher ami, de m'y trouver sans faute. Mais voici un temps bien rigoureux; j'ai toujours peur, depuis mon gros catharre, que le froid ne me saisisse en voyage, ou à Paris, et ne me condamne encore au supplice de l'étouffement et des convulsions. Mon tempérament m'expose, m'a-t-on dit, à ce genre de maladie. Ajoutez à cela, mon cher ami, les charmes de la retraite et du silence dont je jouis, le bonheur de ne voir presque personne, d'être loin du bruit et des bruits. Je continue auprès de mon feu des lectures douces et des heures paisibles qui vont à petits pas comme mon pouls et mes affections innocentes et pastorales. Mon cher ami, je lis la Vie des pères du désert. J'habite avec saint Pacôme, fondateur du monastère de Tabenne. En vérité, c'est un charme que de se transporter sur cette terre des anges. On ne voudrait plus en sortir. *O, quantum in rebus inane est!*

Je n'irai donc point à Paris, mon cher ami; ma poitrine, et une douleur de rhumatisme au bras droit, me retiennent dans mon foyer.

Je vous prie d'avoir la complaisance d'en prévenir notre aimable et solide ami M. le comte de Balk. C'est une privation pour moi de ne pas me trouver avec vous; mais je suis, malgré moi, dans une espèce de redoublement d'indifférence pour le monde, et de tendresse pour la bienheureuse solitude. Présentez, je vous prie, mon cher confrère, mes hommages et mon respectueux attachement à madame de Saint-Pierre. Je me vois dans votre famille, et j'y embrasse, en bon ermite, et portant mes dattes dans mon sac, le père, la mère et les petits enfans.

Votre ami,

Ducis.

N° 4.

✽

A BERNARDIN DE SAINT-PIERRE.

Versailles, le 29 pluviose an XII.

Je vous ai écrit, mon cher ami, et j'ai oublié dans ma lettre de vous prier de recevoir pour moi à l'Institut le dernier mois qui va échoir. Je répare aujourd'hui mon oubli d'hier. Vous m'obligerez donc, mon cher ami, de garder chez vous la somme que vous aurez touchée des mains de Lucas dans les premiers jours du mois de ventose où nous allons entrer, et de ne la remettre qu'à la personne qui vous la demandera de ma part, avec une lettre qui l'autorisera à cet effet. Vous me permettrez, mon cher confrère, de m'adresser tout naturellement à vous pour faire arriver dans ma cellule ce qui paie mes figues et mes dattes.

Oui, mon ami, je crois bien faire, puisque je suis au coin de mon feu, et que le froid est si dur, de songer à ne plus craindre rien de mon catarrhe, en continuant mes précautions, et à me défaire de ma douleur de rhumatisme au bras droit. M. de La Mairan et M. Tixien, mes médecins, qui prennent intérêt à ma santé, sont d'avis que je ne quitte pas Versailles jusqu'à ce que ma poitrine et mon bras souffrant ne me laissent plus d'inquiétude. Je sais que ces incommodités m'empêchent de remplir les fonctions de président, dans la classe qui m'a fait l'honneur de me choisir, mais heureusement que je suis dignement remplacé par le vice-président qui a éminemment, ce que je suis loin d'avoir, l'habitude des affaires et la facilité de parler très-bien et comme il convient dans les circonstances qui peuvent se présenter. Véritablement, je suis un pauvre homme dont le monde et la société ne peuvent tirer aucun parti. Aussi est-ce la nature qui me dit : Mets-toi à l'écart; tu n'es bien que là. J'ai le bon esprit de l'entendre et de me tenir dans mon coin. Je ne sais si M. le comte de Balk sera encore long-temps en France. Nous sommes tous comme des vaisseaux qui se rencontrent, se donnent quelques secours, se séparent et disparaissent. Vous, mon ami, qui vivez avec une tendre et vertueuse compagne, avec de jolis enfans, goûtez le bonheur d'un époux et d'un père. Voilà les trésors que Dieu vous a donnés. Il protégera le nid. Sa douce chaleur est l'ame et la vie. Ah! que les petits aient le temps d'y sentir croître leurs ailes, et qu'ils aient le bonheur de ne pas s'en écarter. Les mœurs ne s'apprennent pas, c'est la famille qui les inspire. Je suis, mon cher ami, comme un pauvre hibou, tout seul, *sicut nisi corax in domicilio*. Je songe douloureusement au passé, au présent, et doucement à l'avenir.

Vale et redama.

Ducis.

N° 5.

✻

A BERNADIN DE SAINT-PIERRE.

Versailles, le 22 ventose an XII.

Je vous remercie, mon ami, d'avoir acquitté la somme de mon mandat.

Ma devise, *Abstine et Sustine*, va bien avec mon hibou qui est véritablement le cachet de ma famille d'Allobroges. Elle est trop sérieuse; mais, mon ami, les devises ne sont pas tenues d'être gaies. On pourrait y mettre seulement *cache ta vie*; ce qui serait plus court. Voilà ce qui me paraît plus simple et plus naturel.

Je regrette cependant la devise qu'a trouvée

madame de Saint-Pierre : une boussole dont l'aiguille est tournée vers le nord, avec la légende obligeante qu'elle y a mise de concert avec vous. Mais outre que je ne puis l'adopter, comme me donnant un trop grand éloge, *ad sidera* ne veut pas dire le pôle nord, et la justesse est là de première nécessité.

Je pense donc que si l'on veut faire usage de ma devise, on peut au lieu d'*Abstine et Sustine*, choisir ces mots qui étaient la devise de Descartes: *Benè vixit, qui benè latuit*. Je les préférerais même aux mots *Abstine et Sustine;* et, dans le cas où l'on déciderait qu'il faut employer ma devise, voilà les mots que je prie instamment que l'on place avec mon hibou qui s'en accommodera très-bien. *Benè vixit, qui benè latuit*, lui convient.

Vous sentez, mon cher ami, qu'un homme a la liberté d'adopter la devise qui va le mieux à son caractère et à ses habitudes, mais qu'il ne peut jamais s'écarter de la modestie naturelle aux honnêtes gens.

Je suis très-sensible d'avance aux marques de l'amitié qu'on me prépare en secret. C'est un mystère que je pénètre aisément. Mais en vérité, l'amitié a-t-elle besoin d'autre chose que d'elle-même? Cependant je croirais manquer de délicatesse si je n'acceptais pas avec le plus grand plaisir ce que la délicatesse de l'amitié veut m'offrir avec tant de grâce et de sentiment.

Mes très-humbles respects à madame de Saint-Pierre; dites-lui bien, mon cher ami, que tous les cœurs sensibles et purs se tourneront toujours vers elle par attraction, comme l'aiguille aimantée vers le nord, et qu'alors on pourra lui appliquer ces mots : *Sic nos ad Sidera Ducis*, en faisant dire à *Sidera* le bonheur de la posséder. Vous seul pouvez sentir dans ce monde combien cette application est heureuse pour vous, en mettant *me* au lieu de *nos*.

Ma santé va mieux. La liberté, le beau temps me charment. M. le comte de Balk m'excusera de ne pas être de ses agréables dîners; mais il sait qu'à mon âge il faut ménager sa santé. Bonjour, mon cher ami, conservez la joie, la santé dans votre vertueux ménage. Où seraient-elles si elles ne sont pas là. Voilà bientôt ma présidence finie.... Ouf!

Votre ami,

Jean-François Ducis.

N.º 6.

A BERNARDIN DE SAINT-PIERRE.

Versailles, le 10 germinal an XII.

Mon cher confrère,

C'est aujourd'hui la veille de Pâque. Je compte rester ici dans ma délicieuse retraite jusqu'après le dimanche de la Quasimodo. Je verrai à Paris vous et M. le comte de Balk : voilà un des principaux motifs qui m'y attirent ; car plus je suis seul, plus je me plais dans ce genre de vie qui nous conserve tout entier, corps et ame, qui nous préserve des agitations, qui ôte au présent une grande partie de son amertume, et nous offre l'avenir comme un asile où nous pourrons respirer tranquilles *in terrâ viventium.*

J'ai été, mardi dernier, passer vingt-quatre heures à Paris, et pas davantage. J'ai couché assez gaillardement à mon Gaillard-Bois[1]; et le lendemain j'avais les pieds sur mes chenets à dix heures et demie.

Comme il faut que les solitaires envoient leur servante au marché, quand ils ont une servante et de l'argent, je vous prie, mon cher ami, de me marquer promptement par un mot de réponse, combien vous avez reçu pour moi à l'Institut pour mon dernier mois, parce que je toucherai ici le montant de la somme qui est entre vos mains, et que vous paierez sur un mandat signé de la mienne.

Je compte bien enfin goûter le plaisir de dîner avec vous chez M. le comte de Balk, et causer tous trois ensemble comme de bons amis. Me voilà au dernier jour de carême, mon cher confrère, et je me trouve à merveille. Ah! que le *Sobrii estote* de saint Paul

---

[1] Nom de son auberge.

dit de choses, et qu'il renferme d'applications sérieuses!

Au moment où je vous écris, je suis seul dans ma chambre. La pluie tombe, les vents sifflent, le ciel est sombre, mais je suis calme dans mon gîte, comme un ours qui philosophe dans le creux de sa montagne. Et vous, mon ami, vous regardez le berceau de votre petit enfant, et sa mère et sa grand'mère, et vos deux aînés Paul et Virginie. Votre cœur s'attendrit et jouit. La Providence est visiblement sur les berceaux, comme l'amour fidèle et consolateur sur le lit conjugal. Les vrais biens ne s'achètent point avec de l'or. L'or ne paie point l'appétit, le sommeil et la paix de l'ame. Allons, mon ami, nous sommes riches. Alleluia!

Votre ami,

Jean-François Ducis.

Mille respects, je vous prie, de ma part, à madame la comtesse de Balk. Pour son mari, mille embrassemens.

Je tiens beaucoup, mon ami, à la devise de Descartes: *Bene vixit, qui bene latuit.* S'il en faut une, c'est surtout celle-là que je désire qu'on emploie.

N° 7.

✻

A BERNARDIN DE SAINT-PIERRE.

Versailles, le lundi 28 brumaire an XIII.

Il est une heure un quart, mon cher ami; je reçois votre aimable lettre et votre charmante invitation. Mais apprenez que je viens d'échapper à la mort. Le 17 de ce mois, à la veille de dîner, selon mon usage, chez madame Dangiviller, j'ai été attaqué brusquement et pris à la gorge par une esquinancie de la plus grande violence. Tous les tourmens de Job étaient dans ma gorge, dans mon alluette, dans la naissance de ma langue, dans ma langue, dans mes amigdales, dans ma malheureuse bouche, avec des gonflemens comme des montagnes, et des salivations éternelles et étouffantes, comme des torrens de colle ardente. Oui, mon cher ami, j'étais au moment d'expirer, ne pouvant ni avaler, ni parler; séparé du reste des vivans, et déjà parmi les morts. Mon état eût fait pitié à mon ennemi. Jugez de ce que vous, madame de Saint-Pierre et toute votre famille auriez souffert en me voyant courir à la mort par les tortures.

Je suis vivant, mon cher ami. Dieu a eu pitié de moi, il a bien voulu me rendre la vie. Les deux anges qu'il m'a députés sont les deux médecins La Mairan et Tixier qui m'ont prodigué tous les secours de leur science avec toute l'ardeur de leur amitié. Quand votre lettre m'est arrivée, le rasoir du barbier faisait tomber de mon visage la barbe hideuse des tombeaux. Je suis actuellement beau comme un cœur.

Mon cher ami, je suis bien fâché que ma maladie m'ait privé de me joindre à mes illustres confrères dans le jugement des ouvrages pour le prix de poésie. Mais vous voyez quelle est mon excuse. Au reste, les excellens juges ne vous ont pas manqué. Les Lebrun, les Fontanes, les Ségur, les Garat, les Andrieux et les Collin, voilà des confrères qui peuvent former un terrible tribunal; priez-les d'accepter l'hommage de mon respect.

Ma barbe a été faite au vin chaud. Je bois du vin avec beaucoup d'eau. La première fois qu'une liqueur a pu couler dans ma gorge, c'a été une goutte de vin. Jamais Grégoire ne descendit avec tant de joie au cabaret. Enfin, mon ami, vendredi prochain je vais manger mon premier poulet chez madame Dangiviller avec tous les confrères du vendredi.

Votre ferme d'Eragny, votre vache, votre marché de Pontoise, votre établissement à la campagne avec votre famille, tout ce bonheur rustique me charme pour vous et vos enfans. Vous connaissez le fond de mon cœur, la marche de mes sentimens et la couleur de mes idées. J'embrasse votre chère femme que j'aime (je vous l'ai dit); j'embrasse sa tendre mère et tout le petit poulailler de Pontoise. Je vis, je bénis Dieu, et suis votre ami.

JEAN-FRANÇOIS DUCIS.

N° 8.

A BERNARDIN DE SAINT-PIERRE.

Paris, ce lundi 5 frimaire an XIII.

J'ai reçu, mon cher ami, avec le plus grand plaisir, votre lettre du premier de ce mois. Je suis très-sensible à l'intérêt que l'Académie française vous a témoigné pour moi. Je suis actuellement dans la classe des heureux convalescens. Je remercie Dieu de ce que je respire, bois, mange, me lève, marche et vous écris. Mon danger a été extrême. J'avais comme le pressentiment de ma maladie dans mon passage rapide par Paris, et dans mon voyage à

Arpajon. Voilà pourquoi vous ne m'avez point vu. Je voulais être à Versailles auprès de mon feu, pendant les fêtes de la Toussaint et des Morts. J'y étais occupé de la lecture mélancolique de Job, lorsque Dieu m'a frappé tout-à-coup, et a fermé pour moi les chemins de la parole et de la vie. Grâce à sa bonté, je suis vivant, et voilà pourquoi, mon cher ami, je vous prie de vouloir bien recevoir pour moi, mercredi prochain 7, à l'Institut, mon mois de brumaire. J'ai le plus grand besoin d'argent pour payer les frais de ma maladie. La somme que vous m'enverrez, jointe à celle qui va me venir d'ailleurs, me mettra à même de jouir de ma convalescence sans nuage et dans toutes ses délices. Je regrette comme vous le vertueux et bon Lecamus; il était irascible, mais contre les coquins. Tout est perdu parce qu'on ne sait plus, parce qu'on ne peut plus les haïr. C'est un homme de bien de moins sur la terre, et dans ce temps-ci, c'est un vrai deuil. Mon filleul est charmant. *Elle a pourtant de beaux yeux*, m'a fait rire; il en aura d'excellens et un bon cœur et une bonne tête et beaucoup d'esprit. Je me transporte à votre presbytère, mon ami; votre bonheur, celui de votre famille est là. C'est là que Dieu vous préparait la rosée du ciel et la graisse de la terre. C'est là qu'est votre rempart, votre tente patriarcale. Je ne suis pas étonné de ce que votre Sara soupire après cette terre promise ; je lui présente mes respects et mon sincère attachement. La campagne est bonne pour le corps, pour l'ame, pour le présent, pour l'avenir, pour tous les sexes, pour tous les âges. Il me semble entendre votre bon génie vous dire : Éragny ! Éragny ! Pontoise ! Pontoise ! Bonjour, mon ami ; je vais manger ma soupe. J'irai vous demander la vôtre la première fois que j'irai à Paris. *Vale, vale et redama.*

Ducis.

N° 9.

✻

A BERNARDIN DE SAINT-PIERRE.

Versailles, le 12 frimaire an XIII.

Je vous remercie, mon ami, d'avoir reçu pour moi, et pour mon mois de brumaire dernier, la somme de 179 fr. 36 c. J'ai prié madame Babois, négociante à Versailles, qui est une dame de mes amies, de vouloir bien me faire toucher hier cette somme, et d'accepter en échange un mandat sur vous de pareille somme, à Paris. C'est ce qui a été fait. Ainsi, mon ami, vous voilà prévenu; et je vous prie de payer la susdite somme à la personne qui vous présentera le mandat ou billet signé de moi, qui vous est adressé.

Je conçois la perte que j'ai à souffrir par mes absences forcées ou volontaires. Mais voilà comme les choses ont été arrangées quand on a repétri l'Institut. Se soumettre, voilà le grand mot, et il y n'a plus que cela à faire. J'ai reçu de Paris, ces jours-ci, de l'argent de mon receveur; de sorte qu'avec le produit de mon dernier mois de brumaire j'ai abondamment de quoi attendre sans inquiétude. C'est ce qui fait, mon ami, que je vous rends grâce de l'offre que vous m'avez faite de recevoir pour moi, moyennant ma procuration, les 600 livres actuellement échues pour les six mois d'indemnité de mon logement au Louvre. Je toucherai moi-même cette somme au premier voyage que je ferai à Paris.

Vous avez trop présumé du retour de mes forces, mon ami, quand vous avez pensé que je pourrais aller à Paris mercredi prochain, et dîner avec vous en famille. Les forces ne reviennent pas si vite à mon âge. Je suis bien guéri de mon esquinancie; mais je ne suis pas remis du sang qu'on m'a tiré par deux grosses saignées ; je ne suis pas remis d'une diète plus que sévère, ou plutôt de la presque cessation de tous alimens ; et de cette perdition de forces, causée par le lit, l'accablement et des douleurs excessives. La jeunesse recouvre ses forces par ses forces ; mais un homme presque septuagénaire n'en peut emprunter sur une caisse qui ne paie plus. *Effatà senectus.*

J'ai déjà dîné chez madame Daugiviller ; mais elle demeure tout près de chez moi, et c'est madame la duchesse de Villeroy qui m'a amené et ramené chez moi dans son carrosse. Il me faudra du temps avant que je me tienne sur mes jambes comme un homme en santé. Je ne vais pas encore à l'église; je dis mes prières auprès de mon feu. Cet état de faiblesse ne m'inquiète pas, mais il m'avertit du *memento homo quia pulvis es*. Et en vérité, mon ami, cette vérité doit être toujours supportable pour un homme ; mais il y a bien des momens où elle est douce. Quel bonheur pour Paul d'avoir des oignons, des fleurs, d'en voir les productions, et de manier et d'employer des outils d'agriculture ! En le rendant heureux dès aujourd'hui, vous semez dans sa tendre mémoire, qui aura dans la suite à oublier et sa jeunesse et son automne et peut-être une partie de son hiver, les doux et intéressans souvenirs d'une enfance heureuse. C'est à la campagne que se composeront et s'affermiront les principales pièces de son caractère. La nature, dans nos misérables villes, n'est entendue à aucun âge. Je vous réponds que mon filleul saura bien son père, sa mère, sa sœur, sa bonne maman, son Éragny, son Pontoise, son marché, et qu'avec un monde naturel, où tout sera en ordre autour de lui, il commencera son cours de logique et d'expérience qui tiendra ferme contre la fausse science et les mensonges de la société.

Mes remercîmens à notre confrère Cailhava de l'intérêt qu'il a pris à mon rétablissement. Je ne doute pas, mon cher Saint-Pierre, qu'il ne vous comble de joie, ainsi que toute votre excellente famille. Le premier dîner que je ferai à Paris me sera bien agréable, puisque je le ferai chez vous ; mais il faut que je compte actuellement avec mes forces.

Singula de nobis anni prædantur euntes. C'est un charme pour moi de ne presque plus regarder ni dans le passé, ni dans le présent, ni dans l'avenir. Ah! l'oubli! l'oubli! quel chevet pour un voyageur fatigué. Bonjour, mon cher ami; mes très-humbles respects à votre digne compagne.

Vale et redama,

Ducis.

N° 40.

A BERNARDIN DE SAINT-PIERRE.

Versailles, le 29 frimaire an XIII.

Vous êtes bien loin de croire, mon ami, qu'après treize ou quatorze jours de guérison, j'aie été repris une seconde fois à la gorge par l'horrible esquinancie qui m'attendait encore en ambuscade. C'est ce qui m'est malheureusement arrivé. Le 22 de ce mois, on s'est hâté le matin de me saigner bien vite pour prévenir les ravages croissans de l'inflammation, non plus par le moyen des sangsues, mais avec l'acier aigu de la lancette. Le vendredi 23, autre saignée pareille le soir, et tout le régime convenable à un pauvre malade au milieu des douleurs et des angoisses. Les mêmes médecins, qui m'avaient si bien traité la première fois, m'ont donné tous les soins et toute la vigilance de leur art et de leur amitié. Me voilà donc, mon ami, à ma deuxième résurrection; mais aujourd'hui mes médecins, qui ont été en état de juger du sang qu'ils ont vu couler de mes veines, m'ont averti qu'il fallait le rafraîchir et le baigner d'eau, parce qu'il était si épais, si consistant, mais si inflammatoire, qu'il porterait fort aisément les fluxions dans ma poitrine, les transports dans mon cerveau et les esquinancies dans ma gorge. Me voilà donc portant dans moi-même un perpétuel incendie, toujours sur le qui vive, en sentinelle, prêt à crier au feu, et implorant le secours des pompiers. Ainsi, plus de café, plus de vin de liqueur, plus de ratafiat, et seulement un peu de bon vin vieux ordinaire avec les deux tiers forts d'eau.

Tout cela, mon ami, est attristant. Il faut non-seulement en passer par de continuelles privations, mais encore s'attendre au cortége des infirmités, et peut-être à de cruelles maladies. J'ai été saigné quatre fois et purgé quatre pendant mes deux esquinancies. J'ai eu deux abcès dont le premier s'est en allé par dissolution et le second par le crèvement subit d'une poche pleine d'une matière très-brune et sanguinolente. Il y a quarante-deux jours que mes maladies ont commencé, et ce n'est qu'hier que j'ai pris ma dernière médecine. Cet orage est venu tout-à-coup, et je ne repasse point à la santé pleine et entière aussi vite. Que dis-je? pleine et entière! songez à l'effet de quatre saignées à mon âge. Voilà des avertissemens, mon ami. Mon frère le juge d'appel et un de ses anciens camarades de collége me pressent, au sujet du péril que je viens de courir, de recueillir et de laisser dans une édition complète ce qui a pu sortir de ma plume en différens genres. C'est ce que je veux faire, et je commence par mettre en ordre mes diverses poésies et pièces fugitives... Mes tragédies et le reste pourront fournir trois volumes. Ce que je pourrai faire paraître ensuite, formera le quatrième volume, le tout du même format; mais j'aurais bien désiré que mon portrait, ébauché par Gérard, eût été terminé et en état d'être mis entre les mains du graveur. Cette gravure eût été à la tête de mon premier volume. On m'a déjà parlé d'un libraire. Il ne me restera plus qu'à consigner dans mon testament mes dernières volontés et la disposition du très-peu de bien qui est en ma puissance. Quand je jette un coup-d'œil sur le songe de ma vie et des choses humaines, je rends grâces à Dieu de ne m'avoir jamais compromis avec les places et la fortune. J'ignore quand j'irai à Paris; la saison est rude. Ma convalescence veut des ménagemens; les déplacemens me font peur. C'est pourquoi je vous prie, mon ami, de vouloir bien, dès que vous aurez reçu mon mois de frimaire à l'Institut, m'en marquer aussitôt le montant, afin que je puisse le toucher ici, et l'acquitter à Paris par le mandat que je vous adresserai comme la dernière fois. Je vous remercie d'avance de ce service. Je me transporte avec plaisir dans votre ménage, parce que la vertu et l'innocence y sont avec l'aisance et la considération. J'ajoute la gloire par-dessus le marché. Mes très-humbles respects à ces dames. J'embrasse Paul et Virginie et leur illustre père.

Vale et ama,

Ducis.

N° 11.

A BERNARDIN DE SAINT-PIERRE.

Versailles, le 17 nivose an XIII.

J'ai reçu, mon cher ami, votre lettre du 13, qui m'a fait le plus grand plaisir. Je vous remercie des soins que vous avez pris pour mes mois à l'Institut. Je conçois les pertes considérables qu'occasione mon défaut de présence. Mais comment faire quand on est malade de maux physiques et de tant d'autres maux qui s'attachent à notre ame et à notre esprit? Je vais donc, en conséquence de votre lettre, vous envoyer un mandat en livres de 171 livres 4 sous.

« Ma santé est actuellement rétablie, mais pour ainsi dire conditionnellement. Il faut que je me tienne encore auprès de mon feu, que j'évite des brouillards infects, que je ne m'expose pas aux froids rigoureux, que je n'oublie pas tout ce qui peut nous prendre à la gorge et à la poitrine. Ma vie cachée et sédentaire a beaucoup de charmes pour moi. Vous devez vous rappeler votre rue de la Reine-Blanche. C'est peut-être dans cette solitude que vous avez trouvé et les images et les sentimens et cet accent de l'ame qui nous a charmés dans vos *Études de la Nature* et dans *Paul et Virginie*. Je voudrais bien, comme vous, avoir recueilli dans une édition complète ce qui a pu échapper à ma plume. Mes amis de Versailles ne sont pas ceux qui m'ont pressé par leurs conseils de me livrer vite à cet ouvrage. C'est un ancien ami de collége de mon frère George le juge d'appel et le mien, qui m'a peint vivement la nécessité de ne pas perdre une minute, attendu ma maladie et mon âge. Mais Talma ne veut pas que je fasse paraître mes tragédies dans cette édition, que nous n'en ayons bien fixé le manuscrit ensemble, parce que nous avons des corrections, des suppressions, des additions et peut-être des choses à déterminer qui donneront leur maximum aux effets de la pitié et de la terreur, ces deux grands pivots de la tragédie. Ainsi je veux me hâter lentement sur cet article important et le premier de tous. Quant à mes pièces fugitives, je peux m'en occuper sans craindre de trop allumer mon sang. Je vous ai peut-être déjà marqué que j'avais adressé nouvellement quelques vers à mon caveau et à mes dieux pénates. Je veux en adresser aussi à ma musette, parce que j'en ai joué assez joliment, et que ce sera un tribut de reconnaissance à ma muse pastorale. Il y a dans mon clavecin poétique des jeux de flûte et de tonnerre; comment cela va-t-il ensemble? Je n'en sais trop rien, mais cela est ainsi. Je ne crois pas que je doive justifier le présage de madame de Drucour; mais il part de sa bonté naturelle et de l'intérêt qu'elle veut bien prendre à moi. Je vous prie, mon bon ami, de lui en faire agréer mes remercîmens, avec mes très-humbles respects et ma reconnaissance.

J'ai reçu une seconde lettre charmante de madame Harvey. Elle m'exprime le désir de mademoiselle sa fille Élisabeth et le sien pour que le pinceau fidèle et agréable qui vous a peint, peigne aussi ma pauvre et vieille tête. J'y consens très-volontiers, et je reçois cette offre comme une faveur que me font le talent, la grâce, la jeunesse et la beauté. Mais elle ne pourra pas me peindre avec ma femme et mes enfans. Il n'y a plus pour moi de tableau de famille. Gérard ne se presse pas trop d'achever mon portrait, mais il en a tant d'autres à faire, on le presse tant de tous les côtés que je l'excuse aisément. Il l'a ébauché avec tant de grâce, tant de plaisir et d'amitié, qu'il faut lui laisser prendre son temps. Quand j'irai à Paris, j'irai le voir comme ami, et si le peintre me demande quelques séances pour finir, je serai tout prêt. J'avoue, mon cher ami, que je tiens à être peint par Gérard. J'imagine que son dessin pour *Paul et Virginie* doit être fort beau. Adieu, mon ami. Je dînerai avec mon filleul Paul, avec sa sœur, avec madame de Pelleporc, sa chère fille et vous, avec un grand appétit de vous voir et de boire à votre santé. Je vous embrasse tous réunis comme dans votre tableau de famille, avec l'idée très-présente de mademoiselle Élisabeth. Nous aurions mille choses à nous dire sur Marmontel. Je conçois vos étonnemens. La nature n'avait mis aucun rapport entre lui et Jean-Jacques, aucun, aucun. C'est un homme qui échappe aux ames médiocres. Mes remercîmens à mes confrères Garat et Cailhava qui vous ont demandé de mes nouvelles. Je suis sensible à leur souvenir. Conservez-vous, mon cher ami, pour jouir de la gloire, de l'amour conjugal et paternel, et de l'amitié.

Tuus,

Ducis.

P. S. Je joins ici une note que m'a laissée M. l'abbé du Rousseau, chanoine de la cathédrale de Versailles. Je voudrais bien l'obliger. C'est un homme très-estimable et qui a pour moi quelque amitié. Voyez, mon ami, ce que vous pourrez faire.

N° 12.

✻

A BERNARDIN DE SAINT-PIERRE.

Versailles, le 9 ventôse an XIII.

Je peux, mon cher ami, vous donner actuellement des nouvelles satisfaisantes de ma santé. Le 1ᵉʳ de ce mois, j'ai eu le plaisir de dîner chez vous, en famille, avec madame de Saint-Pierre, et avec Paul et Virginie, vos chers enfans. Paul m'a soupiré la fable de *la Pauvre Philomèle*, et Virginie m'a conté celle de *Philémon et Baucis*. Vous savez combien nous nous sommes trouvés heureux de jaser et de trinquer ensemble. Qui l'eût dit, mon cher confrère, que le lendemain, jeudi, en dînant avec mon frère le juge d'appel, je me trouverais encore (pour la troisième ou quatrième fois) pris à la gorge, ayant devant moi un aloyau excellent, et que je serais forcé de m'en aller bien vite chez moi, avec Lebrun, le poëte lyrique et notre confrère, ne pouvant plus mâcher et à peine boire, avec la crainte d'une nouvelle attaque d'esquinancie qui me rappelait dans toute leur force celles qui l'avaient précédée : heureusement que mes médecins à Versailles, MM. La Mairan et Tixier, ont jugé que cette menace alarmante n'aurait point de suites sérieuses, et qu'on ne serait point obligé de faire couler ce vieux sang poétique, après quatre effusions dans un corps plus que septuagénaire. Je suis au régime rafraîchissant qui est celui qui me convient. (*Contraria contrariis curantur.*) Je me gargarise avec un doux murmure; je suis à l'usage du petit lait que me fait un excellent apothicaire, M. Robert, et surtout à celui que je me fais moi-même, d'après la recette de notre sage Horace qui nous dit, comme bien savez : *Et amara lento temperet risu.* J'ai dîné aujourd'hui auprès de mon feu, avec ma femme qui, jeudi dernier, m'a accompagné dans mon retour à Versailles, qui a sa chambre auprès de la mienne, le buste de mon Shakspeare au pied de son lit, et qui ne se trouve point mal avec un vieux solitaire, son mari; chez qui elle viendra occuper, quand elle voudra, une cellule paisible et innocente sous le toit de la bonne amitié où je ne veux point laisser entrer de rancune.

Je ne sais plus trop quand je reviendrai à Paris. Je dois me tenir comme une petite fleur timide sous une cloche de verre que je suis toujours prêt à casser. Quand vous rendrez visite à madame Harvey, dites-lui bien, je vous prie, ainsi qu'à ses deux acolytes, ou à ses deux anges, ou, pour rester sur la terre, à ses deux filles, ou ses deux grâces, que j'ai été bien fâché de disparaître si vite de Paris; que je leur présente mes respects très-humbles, et que je serai enchanté de ma bonne fortune quand je me trouverai avec vous, peint par mademoiselle Elisabeth, dans la chambre à coucher de madame sa mère....

Vous n'oublierez pas surtout, mon cher ami, d'assurer madame de Saint-Pierre de mon attachement plein de respect. Vous embrasserez mon filleul Philomèle et Virginie Baucis. Tout ce tableau charmant est encore sous mes yeux. Je ne veux plus voir que ceux-là et ceux de la tragédie antique avec ses effets si tendres et si terribles. Je ne veux plus être avec mes contemporains (non pas par mépris, car je ne suis pas un fat, mais par santé), mais avec nos trois grands tragiques grecs, avec Corneille, Molière et Jean La Fontaine. Il y a une grande manière de créer, c'est de détruire. Bonjour, mon ami, j'ai balayé l'aire; mon âme et ma pensée me restent. On ne mettra ni chaîne ni impôt sur ce domaine sentimental et intellectuel. Je vous embrasse, vous tout entier, en vous désirant, à vous et à toutes les chères portions de vous-même, toute la mesure du bonheur possible réservée à la race misérable, déplorable, lamentable et pitoyable d'Adam.

Jean-François Ducis.

Ma femme me charge de la rappeler à votre souvenir, ainsi qu'à celui de madame de Saint-Pierre. Quand vous verrez Andrieux à l'Institut, dites-lui, je vous en prie, mille choses de ma part, en l'assurant que si une nouvelle menace de mon mal ne m'avait fait vite quitter Paris, j'étais dans l'intention bien décidée d'aller causer avec lui, en dînant et en buvant; mais que c'est partie remise.

N° 13.

A BERNARDIN DE SAINT-PIERRE.

Paris, ce 18 germinal an XIII.

Vous m'excuserez sans doute, mon cher ami, quand vous saurez qu'à mon dernier voyage à Paris je n'ai passé que deux jours: samedi 2 de ce mois, où vous avez rencontré mon jeune neveu le peintre que vous avez chargé de me dire que vous m'invitiez à venir, le lendemain dimanche, manger votre soupe; et dimanche où j'ai donné à Gérard une séance de quinze minutes, qui a été la dernière, et où il a fini absolument mon portrait, qui ajoute au mérite de la plus grande ressemblance celui d'une peinture et d'un art admirables. La veille de ce dimanche, j'avais dîné chez mon frère George, le juge d'appel, et le dimanche je ne suis sorti avec mon neveu de chez Gérard qu'à cinq heures, de sorte qu'il était bien tard pour aller dîner chez vous, et je craignais d'ailleurs d'y dîner trop bien, et puis je voulais me recueillir un peu dans ma chambre, et me préparer d'avance pour partir le lendemain pour Versailles à huit heures du matin. Voilà pourquoi vous ne m'avez pas vu.

Votre dernière lettre du 15 m'a fait le plus grand plaisir. Votre grand secrétaire, vous au milieu, et aux deux bouts vos deux ailes ou vos deux enfans, sont un tableau touchant : *Sicut aquila provocans ad volandum pullos suos, et super eos volitans.* Votre petit Paul sera toute sa vie ce qu'il est dans le naïf portrait que vous m'en tracez dans votre lettre. Il aura de la volonté, de l'esprit, de la sensibilité, des passions, mais une ame bonne, du naturel et du jugement. Virginie est bien aussi ce qu'elle doit être. Mais voyez comme Paul a décliné votre juridiction; j'aime bien qu'il dise d'une voix douloureuse : « Ah! il ne le voudra pas! » Vous avez dû bien jouir dans vos observations; mais quel chagrin si vous n'aviez remarqué qu'une nature plate ou mauvaise! et voilà pourtant ce qui pave la société. Les deux lignes de votre chère femme sont l'expression de son cœur conjugal, et du cœur conjugal le plus rare et le plus tendre. Le bonheur d'une famille vertueuse est un chef-d'œuvre de la Providence. Tout y attache et rien n'y brille. Demandez aux puissances de la terre de vous donner une once de ce bonheur pur, avec tous leurs trésors et leur éclat. Voilà les véritables pauvres! c'est nous pauvres de la nature et de la religion qui sommes les riches. *Divites eguerunt et esurierunt; inquirentes Dominum non minuentur omni bono.* Oui, mon ami, je me rappelle bien que j'ai chanté votre hymen, et que j'ai assisté, comme témoin, à votre messe et à votre bénédiction nuptiale; mais je me rappelle aussi tout l'espoir que j'ai conçu de l'influence d'une jeune épouse, charmante et chrétienne, sur l'ame d'un homme qui est appelé à sentir et peut-être à faire sentir plus qu'un autre toute la divinité de notre religion. Ce que vous appelez vos douze rayons, je l'appelle nos douze apôtres qui la manifestent sur notre terre obscure et malheureuse. Il me vient encore à l'esprit une citation : mais *sobrii estote*.

J'ai à vous consulter sur quelques vers qu'on m'a demandés pour être inscrits sur un cœur d'émail ou d'argent vermeil, qui doit renfermer le petit cœur d'une pauvre petite fille de quinze mois, qui, dit-on, était belle comme le jour, et qui avait nom : Athénaïse. Sa malheureuse mère, femme d'une grande beauté, toute jeune, très-riche, est inconsolable de la perte de sa chère enfant. Elle a le bonheur d'être chrétienne. Voici les six petits vers à quatre pieds que j'ai faits pour cette inscription :

> Je fus un instant sur la terre ;
> Garde mon cœur, ma tendre mère,
> J'entends du tien le triste adieu.
> Va, pleure moins ; sois plus soumise ;
> Ton petit ange, Athénaïse
> T'attend dans les bras de son Dieu.

En êtes-vous content ? s'il vous vient quelque chose de mieux, faites-m'en part. Je crois, entre nous, n'avoir pas mal fait de faire parler l'enfant, et que les vers ont la simplicité touchante et chrétienne qui leur convient.

Mais voici un autre article sur lequel je réclame le secours de votre Minerve. On voudrait avoir un petit dessin, bien fait, bien inventé surtout, qui mettrait en tableau ce qui est dans les vers. Ce tableau serait placé sur le cœur en émail du côté opposé à celui où les vers seraient écrits. Mais comment composer ce tableau attendrissant? représenterons-nous la mère à genoux, sur son prie-dieu, devant un crucifix, regardant avec une douleur convertie en ravissement, son petit ange au milieu d'une gloire, tenant d'une main avec joie un petit cyprès joint à une couronne, et de l'autre faisant tomber sur sa pieuse et tendre mère des immortelles, qui seraient la figure des grâces de salut que le petit ange obtiendrait de Dieu pour elle? On pourrait peut-être inscrire au bas du tableau, sous la mère, une citation de trois ou quatre mots, tirée de l'Écriture-Sainte, qui lui ferait dire à son enfant: Nous serons bientôt réunis pour jamais.

Le particulier qui m'a demandé ces vers, est un intime ami de la pauvre mère et le mien.

Il veut la surprendre par ce don douloureux et consolant, il n'épargnera rien pour la dépense. Ce que je voudrais avoir le plus tôt possible, c'est le petit dessin. Mais vous sentez combien je désire qu'il soit bien trouvé, bien adapté au sujet et bien exécuté. Je connais à Versailles un jeune homme très-habile à faire passer ces dessins sur l'émail. Il met dans cette sorte d'ouvrage, qui demande un fini précieux, un soin et une perfection extraordinaires. Il a rendu admirablement de cette manière le beau tableau de Guérin, représentant Hippolyte se justifiant devant Phèdre et son père; il se chargerait de tout. Mais il lui faut le petit tableau, et c'est pour cela, mon ami, que je m'adresse à vous, en vous laissant maître de toutes choses.

Je ne m'attendais pas, mon cher ami, aux poulardes bretonnes que je vais partager avec vous, et qui seraient pourtant si bonnes à manger ensemble. Mais c'est à vous que je les dois, ce n'est donc pas absolument un inconnu qui me les envoie. Ainsi je crois que je pourrai les manger en conscience et avec reconnaissance.

Je suis bien obligé à ceux de mes confrères

de l'Académie qui vous demandent de mes nouvelles; mon visage est bon, mon teint est excellent, mais il m'est resté une sensibilité aux amygdales et à la gorge, qui les rend incroyablement susceptibles aux moindres impressions de l'air un peu défavorables. Je viens d'essuyer encore une attaque de mon mal, avec salivation, inflammation et un peu de douleur. Tout cela n'est presque plus rien au moment où je vous écris. On va me mettre au jus d'herbes, on me purgera, je suivrai un régime rafraîchissant, et Dieu et le printemps achèveront le reste. Je vous embrasse, vous, la poule, la mère poule et tous les petits poulets.

Ducis.

N° 14.

✳

A BERNARDIN DE SAINT-PIERRE.

Versailles, le mardi 10 floréal an XIII.

Il est midi, mon cher ami, votre aimable lettre arrive, mon médecin est à côté de moi, auprès de mon feu. « Monsieur, voici une invitation charmante de mon ami. Écoutez sa lettre et surtout la prose et les vers de sa tendre épouse. Comment ne pas me trouver là, moi qui ai servi de témoin dans ce mariage, moi qui en ai chanté le bonheur d'avance? Il s'agit de pendre la crémaillère d'un bon ménage, avec toute une famille à la campagne, à Éragny, dans un presbytère du bon Dieu,

bâti pour être le temple de l'amour conjugal.—
Ah! monsieur! que dites-vous? —Pourrai-je
partir?—Hélas! je ne peux pas vous le permettre. Il n'y a pas long-temps que vous avez
encore senti une nouvelle menace de votre
mal de gorge. Vous voyez quel temps il fait.
Il ne faut qu'une fraîcheur, qu'un coup d'air
pour vous causer une fluxion. Voyons votre
langue. Il y reste encore un peu d'embarras,
d'empâtement. M. Ducis, la prudence veut
que vous fassiez un sacrifice. Il faut attendre
que votre gorge soit parfaitement guérie. Dans
quinze jours, trois semaines, vous n'aurez plus
rien à redouter et vous retrouverez vos amis
qui n'auront plus à craindre pour vous. »

Voilà, mon ami, pourquoi je me prive d'un
plaisir qui m'eût flatté infiniment. Mais ce que
je ne perdrai pas, c'est celui que m'a fait
votre amicale invitation et la lettre trois
fois charmante de votre adorable compagne.
Héloïse n'a jamais écrit mieux, ni rien de plus
tendre. Sa dernière pensée qui couronne si
bien ce qui la précède est sortie de son cœur
avec sa sublimité sans qu'elle y ait seulement
pensé. Voilà comme le sublime naît du
simple.

Je trouve aussi que les vers sont d'une muse. Il y a vérité, harmonie, inspiration. Mon ami, remerciez Dieu, votre bonheur est un quine à la loterie. C'est un miracle de la Providence en votre faveur. J'en jouis comme votre ami, mais pourquoi n'en puis-je avoir le doux spectacle à Éragny! Mille choses à madame de Saint-Pierre, à madame sa mère et aux chers et aimables enfans. Mille remercîmens pour vous, mon cher ami, et bien des complimens de ma part à messieurs Grand-Jean père et fils.

Je vous embrasse tous.

Ducis.

N° 15.

A BERNARDIN DE SAINT-PIERRE.

Versailles, 26 janvier 1806.

Je vous remercie, mon ami, de la part que vous prenez à ma perte dans la banqueroute inattendue de M. James. Ma confiance a été indignement trompée. Vous me proposez M. Dauguel, votre receveur. Je ne doute point de sa probité d'après votre estime pour lui; mais une de mes nièces m'avait déjà indiqué M. Jallu, avocat, cousin de son mari, comme un homme très-sûr, et mon choix était fait. Je lui envoie aujourd'hui ma procuration.

Il faut que Gérard ait eu de bonnes raisons

pour écarter toutes les louanges, puisqu'il a craint d'avoir une place si honorable dans vos éloges, et de voir rappeler mon épître à son sujet. Comme il joint une excellente tête à beaucoup d'esprit, je suis bien aise que tout se soit arrangé comme il l'a désiré. En général il ne faut pas irriter les serpens de l'envie, qui ne dorment jamais, mais qui font quelquefois semblant de dormir pour s'élancer et déchirer avec plus de furie. Les peintres et les poëtes ont de bonnes instructions de leur expérience sur cet article. Votre amitié pour moi trouvera toujours quelque occasion favorable de se satisfaire ; elle sera aussi ingénieuse pour le bien que la haine l'est pour le mal. Je la laisse faire, et quand il faudra dans votre République des Amazones rendre grâce au soleil de ses bienfaits, j'étendrai mes pauvres ailes à ses rayons, et je m'animerai du souffle de votre génie et du charme de votre ouvrage.

Je suis bien sensible, mon cher confrère, au souvenir de madame de Saint-Pierre; elle est affligée de la perte que je viens d'éprouver. Ce mouvement est naturel à son bon cœur. Voulez-vous bien l'assurer de ma reconnaissance et de mon attachement respectueux ? J'embrasse Paul, j'embrasse Virginie, j'embrasse la tendre mère, l'épouse excellente, et dans elle tout ce qu'il y a de meilleur et de plus charmant sur la terre.

Ma santé est bonne; mais je crains toujours mon ennemi. Ma femme est ici; elle est furieuse contre M. James. Comme ma perte m'emporte tout-à-coup 2,325 fr. que j'avais en réserve pour attendre mon revenu à ses échéances, et qu'il ne me restait plus que 24 francs d'argent pour exister, elle a envoyé chercher de son argent à Paris pour m'en aider conjugalement. Avec beaucoup d'économie, un peu de temps, j'espère faire honneur à mes affaires, et me retrouver au courant de mes dépenses nécessaires. Hélas! mon ami, je me suis rappelé votre perte énorme pour un mari et un père de famille. On vous avait répondu de M. Razüret, et vous savez que sa banqueroute ne devait pas tarder; mais rien n'est perdu quand l'honneur reste. Bonjour, mon cher ami.

Vale et redama.

Ducis.

N° 16.

A BERNARDIN DE SAINT-PIERRE.

Versailles, le 2 février 1806.

Mon cher ami, je viens d'apprendre que, par bonheur pour moi, M. James n'a pas reçu les 375 fr. du quartier de ma pension viagère sur la Comédie-Française, échu le 1er janvier dernier. J'ignore où il en était pour ma pension littéraire, et pour mon indemnité de logement; mais comme vous avez droit de toucher comme moi et aux mêmes époques, et à ces deux titres, le traitement qui leur a été attaché, je vous prie, mon cher ami, pour m'éclairer sur ce point important, de me marquer aussitôt si vous êtes au courant sur cette pension et sur cette indemnité, ou si vous êtes en retard. Plût à Dieu que la Trésorerie eût différé ses paiemens pendant la procuration, et la durée des pouvoirs de M. James! J'attends avec impatience votre réponse.

Comme vous pouvez être inquiet, mon cher confrère, sur ma situation actuelle, je vous préviens que je ne manque point du tout d'argent. Ma femme est venue d'abord à mon secours. Elle était avec moi au moment de la funeste nouvelle. M. Jallu, mon nouveau fondé de procuration, m'offre de me faire des avances et de tirer sur lui la somme dont j'aurai besoin. Cela me met en état de vivre, de me chauffer, de bien payer les gages de ma servante Julienne, de ne laisser manquer de rien mon petit ménage. Ma bonne et sainte aveugle prie le bon Dieu pour que je ne prenne point de chagrin, et je sens que Dieu l'exauce. Avec une économie vigilante et puis le temps, cette plaie se fermera. Quand je songe que je suis libre et que je me porte bien, qu'il y a dans le monde tant d'honnêtes gens dans la dépendance, et qui pleurent sur des ruines, je suis tenté d'entonner le joyeux *Te Deum*. N'ai-je pas encore une grande ressource et une grande consolation dans le travail, qui est un bienfait de la Providence?

M. Jallu, mon nouveau fondé de procuration, m'a marqué qu'on était occupé actuellement à la levée des scellés apposés chez M. James, et que mardi prochain il y aurait une vacation à laquelle il assisterait. Il m'a mandé aussi que Talma, qui est son ami particulier, ne tarderait pas à reparaître dans ma tragédie d'*Hamlet*, qu'elle était en ce moment à l'étude avec les additions et son nouveau cinquième acte.

J'ai voulu satisfaire mon cœur sur une chose qui lui est bien chère. Quand cette tragédie eut le bonheur d'être donnée avec succès sous les yeux de mon père, mon intention était de la lui dédier, puisque c'est un ouvrage où j'ai tâché de peindre la tendresse filiale. Ce que je n'ai pas adressé à sa personne dans le temps, je l'adresse aujourd'hui à sa mémoire. Je vous prie donc, mon ami, d'examiner avec soin mon épître dédicatoire, que je vais transcrire dans cette lettre. Je l'ai communiquée à Andrieux, qui est, comme vous le savez, un de mes plus chers amis. Il en est ce qu'on appelle content et très-content. Je voudrais bien que votre suffrage se joignît au sien.

A LA MÉMOIRE DE MON PÈRE.

Un des plus doux souvenirs de ma vie, ô mon respectable père, c'est de t'avoir vu applaudir ma tragédie d'*Hamlet* à sa première représentation. Mais hélas! je n'avais pas longtemps à te posséder encore, et le succès d'*Hamlet*, qui t'avait fait verser des larmes de joie, devait être le seul dont il te serait permis d'être le témoin. Le premier mouvement de mon cœur fut de t'adresser cet ouvrage où mon but avait été de peindre la tendresse d'un fils pour son père. Mais tu me fis sentir que pour les intérêts d'une jeune femme et d'une famille naissante, je devais plutôt songer à m'acquérir, par ce genre d'hommage, quelque appui utile dont je pusse aussi m'honorer. Je crus devoir te cacher combien me coûtait mon obéissance; mais aujourd'hui que le temps m'a fait arriver, presque seul, aux bornes de ma carrière, chargé de tant de pertes de la nature et de l'amitié; aujourd'hui que, remontant de ma vieillesse à mon enfance, j'assiste plus que jamais, par mes souvenirs, au spectacle paisible de tes vertus domestiques, permets, ô mon vénérable père, que, le cœur plein de tes exemples, plein des preuves jadis vivantes de ta tendresse, croyant encore entendre tes conseils et l'accent de ton ame si profondément religieuse, mélancolique et paternelle; permets, dis-je, lorsque le public continue d'applaudir la piété filiale dans mon *Hamlet*, que, reprenant ma première intention, en cheveux blancs et avant de mourir, je t'offre enfin ce tardif hommage sur ta cendre.

JEAN-FRANÇOIS DUCIS.

Je vous prie, mon ami, avec la plus vive instance, de ne montrer ces vingt lignes de prose à personne, excepté à madame de Saint-Pierre, à laquelle j'ai l'honneur d'offrir, comme de coutume, mon attachement plein de respect.

Bonjour, mon cher confrère; je vous embrasse, bien persuadé de votre amitié pour moi.

DUCIS.

N° 17.

A BERNARDIN DE SAINT-PIERRE.

Versailles, le 10 février 1806.

Mon cher ami,

Je vous remercie des instructions que vous m'avez données dans votre dernière lettre. Vous avez eu trop de plaisir à m'apprendre que les six derniers mois de mon indemnité pour logement étaient encore à recevoir, pour ne pas vous instruire à mon tour que, sur une lettre de mon nouveau receveur, arrivée hier au soir, j'ai l'espoir de toucher encore six mois de ma pension d'homme de lettres, échus le

1er nivose dernier. Ainsi, mon ami, voilà pour moi, contre toute attente, quelques planches dans mon naufrage. Je vous remercie bien, surtout, des excellens conseils que vous me donnez dans votre sage lettre. Aussi ai-je bien pris la résolution de recevoir à mesure, et de serrer dans mon secrétaire l'argent de mon petit revenu, et quand j'aurai pris ce qu'il me faut pour vivre honnêtement, de garder le reste en réserve pour les cas inattendus et les tristes besoins de la vieillesse. Il est bien malheureux qu'il vous soit défendu actuellement de confier un écu entre les mains d'un homme sous peine de passer pour un imbécille. Quand je songe aux fourbes qui m'ont trompé dans ma vie, c'est un titre qui a dû m'être souvent prodigué. Mais je m'en console, et je vais commencer à songer à l'avenir, quand le temps va finir pour moi.

Je suis bien fâché, mon ami, que votre belle édition ait à paraître dans des circonstances aussi peu favorables ; c'est ce qui fait que je ne me presse point pour la mienne. J'espérais que Talma donnerait bientôt mon Hamlet avec son nouveau cinquième acte, mais je ne crois pas que cette pièce reparaisse.

Mon cœur n'est pas tourné à l'espérance. L'histoire de votre Pillardeau prouve bien que l'usure en France y a dévoré le commerce. L'immoralité ne peut plus croître, nommez-moi donc ce qui pourra subsister! Toutes ces idées sont bien tristes, mon cher ami; mais elles me détachent du monde. A ma situation se joint mon éternel mal de gorge; il m'a encore attaqué. Je rêve en ermite et en pauvre ermite, mes pieds appuyés sur mes vieux chenets du temps du roi Dagobert et du bon évêque saint Éloi. Mon ami, mon naufrage d'argent n'est pas si considérable. Il m'est démontré que quand vous viendrez sous ma tente demander le pain et le sel, je pourrai y ajouter quelque chose. Je ne compte pas pouvoir aller de sitôt à Paris, à cause de ma santé trop délicate. Je vois que l'ours va s'enfermer pour long-temps dans son antre, et y sécher ses pates. Cette vie est favorable à l'économie et raccommodera bientôt mes petites affaires. L'idée d'une vie solitaire est si douce pour moi, je lui trouve tant de charmes, tant d'heureuses propriétés, que l'assemblage de tous les baumes de l'Asie ne m'offrirait pas un parfum aussi délicieux.

Je vous dois encore une vive reconnaissance pour une chose, mon ami : c'est de m'avoir dit naïvement votre avis sur mon épître dédicatoire à la mémoire de mon père. Je peux y rayer aisément quelques lignes qui vous déplaisent. Il me semble qu'après ces mots : *Où mon but avait été de peindre la tendresse d'un fils pour son père*, pour n'entrer dans aucun détail sur le conseil de mon père, sur son motif et sur mon obéissance, je ne ferais peut-être pas mal de dire vaguement : « Pourquoi faut-il que nos vœux les plus chers ne soient jamais, ou que tard et rarement exaucés ! Comment expliquer l'empire de circonstances qui en empêchent et qui en amènent l'heureux et tardif accomplissement ? » et continuer ensuite : « Mais aujourd'hui que le temps m'a fait arriver presque seul aux bornes de ma carrière, etc., » jusqu'à la fin où je mettrais : « Je t'offre enfin ce douloureux hommage sur ta cendre. »

J'avoue, mon ami, avec la même franchise que vous m'avez montrée, que mon épître, dans cet état, me paraît très-convenable. Le style lapidaire est simple, oui, mais il a une pompe de solennité et une rigueur de précision qui ne s'accordent pas avec le regret douloureux et mélancolique d'un fils qui, après tant d'années, vient dédier une tragédie à son père. Il me semble qu'il doit laisser couler quelques lignes de son cœur avec une tristesse religieuse, également éloignée du style grave, des mouvemens et des expressions recherchées de l'éloquence. Relisez, je vous prie, toute l'épître dans ce nouvel état, et je ne désespère pas que, sous ce point de vue, elle n'ait de quoi vous toucher et vous plaire.

Quand vous verrez madame et mesdemoiselles Harvey, mère et filles, rappelez-moi, je vous prie, à l'honneur de leur souvenir. Bonjour, mon cher ami. Je suis un peu malade. Cette gorge m'écroue dans ma solitude, mais je lui pardonne à cause de ma solitude.

Vale et ama.

Ducis.

Mes respects à madame de Pelleporc ainsi qu'à sa très-chère fille, avec tous les sentimens d'attachement qui leur sont dus. Mes amitiés et caresses à votre nichée.

N° 18.

※

À BERNARDIN DE SAINT-PIERRE.

Versailles, le 2 mars 1806.

J'AI reçu, mon cher confrère, votre lettre d'hier. Je vous remercie du bel exemplaire de Paul et Virginie que vous avez mis pour moi en réserve. Je vous enverrai bientôt la seconde moitié du prix de ma souscription. Mes petites affaires se relèvent d'elles-mêmes par l'économie et le temps. Ma perte n'a pas été aussi considérable que je l'ai cru d'abord. J'ai sauvé, en deux sommes, onze cents francs du naufrage, c'est-à-dire j'ai gagné deux lots à la loterie. Ma santé est bonne, mais j'observe toujours mon régime rafraîchissant à cause de mon mal de gorge, qui ne me perd pas de vue, et ne demanderait pas mieux que de m'étrangler.

Je vous souhaite le plus de succès possible dans votre souscription de Paul et Virginie. Quant à vos désirs et vos exhortations, vous devez vous souvenir, mon cher confrère, de ce que je vous ai dit, il y a deux ans, lorsque nous revenions ensemble, seuls dans la même chaise, de la campagne de notre digne ami, M. de Normandie. Je n'en peux rien ôter; je n'y puis rien ajouter. Je vous ai parlé comme je voyais, comme je sentais, comme je verrai, comme je sentirai toujours. Je bénis la Providence dont je suis l'enfant pour mon bonheur et mon enfance même. Son corbeau pour moi a été la tragédie. Je mange le pain tout entier qu'elle m'envoie, quand j'ai un bon ami avec moi sous ma grotte. Je trouve un goût excellent à mes dattes, un abri charmant sous mon palmier. Quand je songe que je dois tout à la tragédie, et rien aux hommes; que c'est elle qui me chauffe, me nourrit, me vêtit, m'abreuve d'un joli vin vieux de Joigny; que me procure le révérend Père Juvénal, ci-devant récollet; quand je songe que c'est encore elle qui enflamme ma tête, qui me fait sentir mon cœur; quand je songe que je touche aux bornes de ma carrière; qu'il me faut si peu de choses et pour si peu de temps; que je viens de faire une mélancolique romance, qui me réjouit; je me sens, mon cher confrère, tout plein d'allégresse. Félicitez-moi donc de mon heureux etat. Je vous félicite moi de votre santé, de votre beau talent, mais surtout de votre excellente femme, de vos deux jolis enfans, Paul et Virginie, et des plaisirs simples que vous ménage votre paisible retraite d'Éragny.

JEAN-FRANÇOIS DUCIS.

LETTRE

DE

BERNARDIN DE SAINT-PIERRE

A M. ****,

SUR LES CARACTÈRES HIÉROGLYPHIQUES.

❋

10 pluviose an VIII.

Deux amis me menèrent, il y a quelque temps, chez le citoyen Denon, artiste savant, arrivé depuis peu de la Haute-Égypte; il nous fit voir avec une complaisance sans bornes quantité de dessins qu'il a copiés, d'après des inscriptions hiéroglyphiques. Il nous montra même des hiéroglyphes en creux et en relief sur des éclats de pierre qu'il avait détachés des monumens ; ils sont aussi frais que s'ils sortaient du ciseau de l'ouvrier. Il nous dit qu'il avait vu des lieues entières car-

rées toutes couvertes de ces caractères gravés
sur les statues, les colonnes, les obélisques,
les tours, les portes des villes et des temples.
Ces temples anciens sont si vastes qu'il y a
des villages modernes bâtis sur leurs plates-
formes comme sur des forteresses.

Entre autres curiosités égyptiennes que le
citoyen Denon a rapportées, je remarquai le
pied de la momie d'une jeune fille. Il est dur
et noir comme l'ébène, et d'une forme aussi
agréable que celles des plus charmantes statues grecques. Il est légèrement cambré, et
les doigts, séparés les uns des autres et bien
arrondis, sont dans leurs proportions naturelles; ils n'ont point été comprimés par des
chaussures étroites et pointues. Mais ce qui
parut non moins rare, ce fut un petit rouleau
de papyrus trouvé sous le bras de cette
momie; on aperçoit, par un de ses bouts en-
tr'ouverts, qu'il est tout rempli d'écritures
hiéroglyphiques; il renferme sans doute les
événemens principaux de sa vie, suivant l'u-
sage de ce temps-là. Ainsi l'histoire d'une
jeune fille s'est conservée sur la pellicule d'un
jonc aussi long-temps que celle de l'Égypte
sur ses granits. Mais il y a une chose fâcheuse

à dire; c'est qu'il n'y a personne au monde capable de déchiffrer l'une et l'autre. Les caractères des anciens Égyptiens subsistent depuis plus de quatre mille ans, et leur langue est morte à jamais.

Ces objets antiques me firent naître des réflexions assez neuves. J'avais ouï dire mille fois que notre imprimerie ferait passer nos découvertes à la dernière postérité ; mais à la vue de ces hiéroglyphes inintelligibles, quoique gravés sur le granit, je me dis : Que deviendra la gloire future de nos sciences et de nos arts empreinte sur du papier de chiffon ?

Je pensai alors aux lettres en forme de fer de flèche, placées comme des notes de musique sur les frises du temple de Chelminar, en Perse ; aux petites lignes parallèles de l'ancienne langue chinoise; aux nœuds des quipos des Mexicains, et à d'autres types parfaitement bien conservés de plusieurs langues anciennes dont nous avons perdu l'intelligence ; je me dis : C'est donc en vain qu'un homme de lettres se console des persécutions de son siècle, dans l'espérance que la postérité lui rendra justice, puisque la langue même dans laquelle il écrit n'y parviendra pas. Que lui importerait après tout cette justice tardive, si lui-même, après la mort, est réduit au néant, comme quelques sophistes cherchent à le persuader aux dispensateurs de la fortune?

Cependant le sentiment de notre immortalité est dans ceux mêmes qui la nient; ils la portent non sur leurs ames, mais sur leurs écrits qu'ils croient déjà marqués au sceau de l'immortalité au moyen de l'imprimerie et d'un peu de noir de fumée. C'est une contradiction bien étrange. Certainement toutes nos productions doivent périr, parce qu'elles sont l'ouvrage des hommes périssables; mais nos ames sont immortelles parce qu'elles sont celui d'un Dieu.

Nos sciences et nos arts ne sont que des ombres fugitives d'une nature permanente; la langue de l'ancienne Égypte a péri pour toujours. Les siècles passés qui ont emporté le sens de ses hiéroglyphes, ont déjà exfolié ses pyramides hautes comme des montagnes et plus dures que les marbres; les siècles à venir les réduiront en poudre et les mettront au niveau de ses sables. Mais en détruisant les monumens des arts, ils y développent sans cesse ceux de la nature : les pieds des jeunes filles y conservent toujours leurs charmantes proportions; les graines des joncs dont l'écorce servait à écrire leurs histoires, se reperpétuent comme elles sur les bords du Nil; et qui pourrait lire leurs anciennes aventures dans l'écriture des Pharaons, retrouverait au moins dans celles de nos jours les mêmes sentimens.

Tout ce qu'on sait de la plupart de ces caractères hiéroglyphiques dont on connaît à peu près deux cent vingt-cinq espèces, c'est que les anubis aboyeurs, les maigres ibis, les serpens tortueux, les grosses cruches appelées canopes, étaient des emblèmes des lois tant naturelles que politiques. Elles étaient en si grand nombre, que je ne suis pas surpris que le peuple les ait oubliées. En effet, le nom de loi vient de *ligare*, lier, comme celui de religion, de *religare*, relier; Lorsque ces lois ou ces liens sont trop multipliés, les peuples ne peuvent les supporter, et ils en débarrassent au moins leur mémoire. Tous les monumens des Égyptiens étaient de vraies tables de la loi; leur jurisprudence était sur leurs murailles comme la nôtre est dans nos livres;

mais comme elle n'était point dans leur cœur, il n'en est rien resté dans leur souvenir.

On sait encore que parmi ces lois, celles de la nature étaient beaucoup plus nombreuses que celles du gouvernement. Les sphinx, les obélisques, les figures d'Isis, d'Osiris, d'Orus, de Typhon, les douze signes du zodiaque tout-à-fait semblables à ceux du nôtre, exprimaient les diverses phases du soleil et de la lune. C'était de ces lois naturelles que dérivaient toutes les lois sociales, en fort petit nombre en comparaison.

Chez nous c'est tout le contraire. Nous tâchons de réduire à la seule loi de l'attraction toutes les lois de la nature qui produit des ouvrages si variés, tandis que nous avons déjà étendu à trente-quatre mille celles de la politique qui a édifié si peu de choses. L'ordre légal a étouffé chez nous l'ordre naturel, dans la proportion de trente-quatre mille à un.

Cependant, quoique je n'aie qu'une sagacité fort ordinaire, comme j'étudie la nature depuis long-temps, je peux assurer que j'y ai trouvé au moins une douzaine de lois primitives aussi réelles que celles de l'attraction. Elles partent toutes d'un premier principe et s'engendrent les unes des autres ; elles enveloppent à la fois dans leurs harmonies l'ordre civil et l'ordre moral ; j'espère les développer incessamment dans un cours particulier, si toutefois il m'est permis de le faire.

Les lois des Égyptiens, dans l'origine, n'étaient pas nombreuses, car ils n'eurent qu'un seul législateur; ce fut Osiris : au plus vaste bâtiment il ne faut qu'un architecte. Osiris ne fit qu'un petit nombre de lois bien concordantes, et il en laissa l'application à la conscience des gouvernans, qui, de père en fils, à force d'extensions et de commentaires, en firent une longue science très-discordante. Oh! quel Osiris aussi habile que celui d'Égypte ramènera les nôtres à leur antique simplicité?

En attendant, je ne vois pas sans inquiétude nos trente-quatre mille lois sociales renverser toutes les lois naturelles qu'elles ont réduites à une seule. Comme elles ont été faites par un grand nombre de législateurs, elles sont sans précision, disposées sans ordre, incohérentes et quelquefois contradictoires ; il en résulte qu'elles offrent mille souterrains aux serpens de la chicane. Elles enlacent la bonne foi sans expérience, et lorsqu'elles devraient réprimer la mauvaise foi, elles restent sans exécution. Par elles les procès les plus simples deviennent interminables. Si l'on veut en connaître tous les abus, déjà bien anciens, on n'a qu'à lire les deux chapitres de Michel Montaigne, intitulés *de la coutume et de l'expérience*. Ce père de la philosophie parmi nous dit que de son temps on comptait déjà plus de cent mille lois. Nous en avons donc à présent, cent trente-quatre mille excepté quelques-unes d'abrogées. Leur sort, tôt ou tard, sera d'être oubliées, comme celles de l'Égypte. Mais d'ici-là, il est urgent d'opposer une digue à leur épouvantable débordement...

Nos législateurs les plus sages ont senti qu'il fallait balancer les pouvoirs. C'est en effet une des premières lois harmoniques de la nature. Je désirerais donc qu'on opposât aux tribunaux de justice et même de cassation, un tribunal d'équité. Un tribunal de justice ne s'embarrasse que des formes, un tribunal d'équité ne s'occuperait que du fond. Les membres d'un tribunal de justice ne jugent que d'après leur science, ceux d'un tribunal d'équité ne jugeraient que d'après leur conscience. Celui-ci serait en grand un tribunal de juge-de-paix ou de conciliation; mais il en différerait en ce qu'il aurait le pouvoir d'obliger les parties de fournir leurs titres et leurs raisons à des arbitres nommés dans son sein, qui décideraient de leur différend, sans avocat, sans procureur et sans appel.

Ce tribunal existe en Angleterre et en Ecosse où il produit des biens infinis. Son organisation m'est inconnue, mais il est aisé d'en adapter une à notre constitution. Je désirerais donc que ses membres fussent choisis par le peuple, parmi les juges-de-paix qu'il nomme encore. Je conviens qu'il faut faire peu de chose par le peuple, en faisant tout pour lui, parce qu'une éducation première ne lui a pas encore donné chez nous d'esprit public; mais il en a le sentiment souvent plus que ceux qui le gouvernent. Jusqu'ici nos écoles ont voulu faire plutôt des savans que des citoyens. Notre peuple donc peut se tromper aisément sur les talens d'un administrateur ou d'un législateur. Dans ses assemblées, il est aisément la dupe des intrigues secrètes et des bruyantes vociférations de l'ambitieux qui l'étourdit, l'émeut, et qui se loue, ou se fait louer, le persuade; mais il ne prend point le change sur le caractère d'équité d'un juge-de-paix. Il le connaît par son esprit conciliateur, son désintéressement, ses bonnes mœurs, et par ses vertus paisibles et quotidiennes dont il a une expérience journalière. Avec de la probité, on a assez de lumières pour toutes les affaires d'intérêt. En effet, le bon sens va toujours de compagnie avec la bonne conscience, et l'esprit faux avec la mauvaise.

Un tribunal d'équité offrirait une protection constante à l'inexpérience, à l'innocence trompée et à la propriété des veuves et des orphelins. Je connais un père de famille, sans fortune, âgé, également malheureux par l'exécution des lois et leur inexécution. Il a perdu jusqu'à l'espérance. Il regarde au loin dans quel coin paisible du monde il pourrait trouver au moins, pour ses enfans en bas âge, un asile contre les maux présens et à venir. Ah! sans doute, il les déposerait au pied d'un tribunal d'équité s'il existait parmi nous. Il serait pour eux l'autel de la patrie. Chaque état se vante d'en avoir jeté les fondemens dans son sein par ses lumières et ses vertus; mais la science ne fait que des écrivains, le courage que des soldats, la prudence que des politiques, et tandis que l'amour de l'or les divise tous, l'équité seule fait des citoyens.

Insérez, citoyen, ces idées d'un solitaire, dans votre feuille amie de la vérité. La voix du peuple se joindra à la vôtre pour en demander l'exécution. Un tribunal d'équité serait le plus utile et le plus durable de ses monumens; il voit avec étonnement, mais sans intérêt, ceux de nos sciences et de nos arts; il verra un jour du même œil ceux de nos victoires sanglantes; mais il comblera toujours de bénédictions ceux de l'humanité. Ainsi l'Arabe errant regarde les trophées de l'Egypte savante ou triomphante; ils ne lui présentent plus que des hiéroglyphes inintelligibles. Il a oublié jusqu'au nom de ceux qui les ont élevés, il les considère avec crainte, comme l'ouvrage des démons, et il les renverse quand il le peut ou quand il l'ose. Mais il se souvient encore avec attendrissement de ceux qui lui ont creusé des puits au milieu des sables. Il en prend le plus grand soin, il leur donne toujours leurs anciens noms touchans de *baba Joseph*, *baba Abon*, *baba*

Ibrahim : du père Joseph, du père Abon, du père Abraham.

Faites donc du bien aux malheureux, vous tous qui voulez faire passer votre gloire à la postérité ; imprimez-la, non sur des granits avec le burin, ou sur du papier avec du noir de fumée, mais dans des cœurs reconnaissans avec des bienfaits. Songez que les orgueilleuses pyramides, élevées à la vue des cités les plus populeuses, ont perdu les noms de leurs fondateurs, tandis que les humbles puits les ont conservés au milieu des déserts.

De Saint-Pierre.

RÉPONSE

A MES AMIS ET A MES ENNEMIS.

❋

Paris, 14 décembre 1797.

Citoyen, beaucoup de personnes m'écrivent pour avoir des éclaircissemens, non-seulement sur mes ouvrages, mais encore sur ceux d'autrui. C'est me faire trop d'honneur. Je reçois d'Aranda en Espagne, une lettre d'un Espagnol qui me demande pourquoi Jean-Jacques, mon ami, croyait à la doctrine de l'Évangile et non à ses miracles. Il eût trouvé les raisons de ce paradoxe dans la Profession de foi du vicaire savoyard. C'est que la morale de l'Évangile est dans le cœur humain, et que ses miracles ne sont pas dans la nature. Il me dit : « Que la précision des raisonnemens de
» Jean-Jacques, l'abondance de ses lumières,
» l'extension de ses connaissances et tant d'au-

» tres beaux ornemens qui ont embelli son
» ame, l'ont toujours ravi. » Il observe que
le *livre divin* dont ce philosophe portait toujours quelques *feuillages* dans sa poche, les
dernières années de sa vie, suivant mon témoignage, a été écrit par le même auteur. Il
ajoute qu'il regardera ma réponse comme un
bénéfice. Il signe son nom, son surnom, sa
qualité, son titre et son adresse. Le croirez-vous ? ce panégyriste de Jean-Jacques est un
prêtre.

J'avoue que sa lettre naïve parvenue jusqu'à
moi, à travers un pays d'inquisition, ne m'a
pas donné moins de surprise et de plaisir que
celle que l'Océan m'a apportée dans une bouteille. Elle prouve que la philosophie a encore
fait plus de progrès que notre langue même
chez les Espagnols, et que leurs ecclésiastiques lui rendent déjà des hommages.

Une autre lettre vient de m'être écrite de
Moissac par un ancien marin, au sujet de ma
bouteille voyageuse. Il a reconnu, dit-il, par
son expérience, que les courans de la mer sont
plus rapides vers les pôles, mais il attribue le
mouvement rétrogressif de ces courans aux
solstices, et il leur suppose une direction en

sens contraire à celle que j'ai indiquée. Il est évident que cette révolution arrive aux équinoxes, comme le savent tous les navigateurs de l'océan Indien. On ne peut opposer que de simples présomptions (où des contre-courans le long des terres, pris pour des courans généraux), aux faits multipliés que j'ai allégués dans mes *Etudes de la Nature*, et surtout dans l'avis du quatrième volume, auquel je renvoie le citoyen de Moissac.

Je reçois fréquemment de semblables missives sur toutes sortes de sujets. Cependant, quelque honorables qu'elles soient pour moi, je représenterai à mes nombreux et éloignés correspondans qu'il m'est impossible de répondre à leurs lettres souvent non affranchies; mon temps et ma fortune s'y opposent. Je suis forcé de laisser désormais leurs lettres à la poste quand le port n'en sera pas payé, et sans réponse quand leurs questions seront dans mes Études : mais si elles renferment des difficultés nouvelles, je tâcherai de les résoudre dans mes *Essais sur les harmonies de la Nature*, en y faisant mention honorable de leurs auteurs s'ils le jugent à propos.

Ma bouteille m'a valu d'ailleurs beaucoup

de complimens particuliers; mais elle m'a aussi attiré une critique publique. Le citoyen Say, éditeur de la *Décade philosophique*, n'ayant pas voulu insérer la lettre que vous avez publiée, parce que, dit-il, la *Décade* ne copie point les autres journaux, me fit inviter par quelques gens de lettres de mérite qui lui envoient de temps en temps quelques morceaux, de lui en donner un à ce sujet. Je lui envoyai donc la lettre originale même avec quelques réflexions nouvelles sur mon ancienne théorie des marées. A peine les a-t-il eu imprimées, qu'il en a fait paraître une censure amère dans sa Décade suivante. Elle est, dit-on, l'ouvrage de son propre frère, ci-devant professeur à l'École Polytechnique; il l'a signée H. S. qui sont les lettres initiales de son prénom et de son nom. Tout cela n'est pas trop philosophique; mais j'ignorais que la *Décade* n'était consacrée qu'à ceux qui font profession de foi newtonienne.

Le citoyen H. S. commence par me mettre au rang des philosophes anciens qui ont fait des systèmes; et dans leurs cabinets, comme Pythagore, Épicure et Démocrite qui, dit-il, se creva les yeux pour mieux méditer.

Il trouve étrange que je n'ouvre pas les miens à la lumière des philosophes modernes, et que je n'adopte pas leur attraction dans toutes ses conséquences. Mon censeur me fait sans doute beaucoup d'honneur de me mettre en si bonne compagnie : cependant, je le prie d'observer qu'il se trompe ici sur plusieurs points. Pythagore avait beaucoup voyagé. Ce fut un de ses disciples, Philolaüs, qui publia le premier le mouvement de rotation de la terre dont les modernes se sont approprié la découverte. Elle a été due sans doute à la méditation, ainsi que l'attraction dont nous devons encore la première idée aux anciens. On peut voir à ce sujet un morceau très-curieux dans Plutarque qui cherche à la combattre par d'assez mauvaises raisons. J'en parlerai quelque jour en temps et lieu.

Mon censeur, après m'avoir objecté que j'ai ignoré ce que c'était qu'un degré du méridien, et que j'ai été induit par cette erreur à ne pas reconnaître l'aplatissement de la terre aux pôles adopté par *Newton et par toutes les académies du monde*, attaque à son tour mon système de la théorie des marées par la fonte des glaces polaires. A la vérité, il ne me pousse pas vivement. *Ce système,* dit-il, *est ingénieux, mais il est susceptible de quelques objections.* Voici une des principales : Comment croire à des fontes polaires assez considérables pour élever la mer sur une surface de plusieurs millions de lieues carrées, lorsque le soleil ne peut détruire les glaces des Alpes ni celles des Cordillères qui reçoivent verticalement ses rayons ?

Ce n'est point la valeur du degré du méridien, mais la somme totale de ses degrés plus grands vers les pôles, qui m'avait fait conclure que la courbe polaire était allongée. J'ignorais alors en effet que les astronomes en reconnussent de plus petits vers l'équateur, ce qui faisait, selon eux, compensation. Mais sauf le respect que je dois à Newton et à toutes les *académies du monde*, j'ai conclu l'allongement des pôles de la terre d'après la descente annuelle des courans et des glaces, lesquelles avancent quelquefois jusqu'au 42e degré de latitude. Quant aux fontes polaires qui les produisent, comment n'agiraient-elles pas sur la surface de l'Océan de plusieurs millions de lieues carrées, puisqu'elles proviennent de deux océans de glace qui ont aussi plusieurs millions de lieues carrées ; car chacun d'eux a, en hiver, au moins quinze cents lieues carrées de diamètre ? Affirmer que le soleil ne peut les fondre en partie pendant six mois, et m'opposer les glaces des Alpes et des Cordillères, c'est m'apporter des preuves en objection ; car les plus grands fleuves de l'Europe et ceux de l'Amérique, comme l'Amazone et l'Orénoque, doivent à cet astre leurs eaux et leurs débordemens.

Je commence à soupçonner que le citoyen H. S. est mon partisan secret. *Le système du citoyen de Saint-Pierre*, dit-il, *a été imaginé en 1784 : aucune expérience antérieure ne lui servait d'appui.*

Il est bien connu que j'ai appuyé ma théorie sur une multitude d'expériences faites par les marins les plus accrédités. Il m'en reste de quoi remplir des volumes. Celle des deux bouteilles, dont l'une fut pêchée sur les côtes de Normandie, en 1786, et la dernière qui est abordée cette année au cap Prior, ne sont point du goût du citoyen H. S. Il les déclare inutiles. Selon lui, c'est le vent du sud-ouest qui les a poussées sur les côtes de l'Europe. On sait cependant que la première est remontée cent cinquante lieues au nord, pendant l'hiver, et que la seconde est descendue dix-huit lieues au sud pendant l'été, après avoir parcouru cent quatorze lieues en trois semaines, et non quatre-vingts comme je l'avais dit dans la relation que vous en avez imprimée, parce que j'ignorais alors la vraie longitude du cap Prior. Il en faut donc conclure que ce sont les courans de la mer opposés dans les deux saisons, et non un vent constant, qui ont charié l'une au nord et l'autre au midi.

Le citoyen H. S. répond à mes objections contre l'attraction ou la gravitation de la lune sur l'Océan : 1° que le retard des marées d'un jour et demi après le passage de la lune au méridien, provient de la résistance que les côtes opposent aux mouvemens de la mer; 2° à l'élévation du flux lorsque la lune est dans un *méridien opposé*, que cette objection n'en est pas une pour ceux qui ont étudié les élémens de la *mécanique*; 3° à *l'absence des marées* dans les lacs, qu'il vaudrait autant demander pourquoi l'eau ne s'élève pas dans nos verres. Il nous propose ensuite une expérience curieuse mais difficile à faire. Faites communiquer, dit-il, par un canal, un vase plein d'eau à Paris, avec un autre vase placé en Islande, par exemple, et vous verrez le flux et le reflux avoir lieu dans ces deux vases.

Je répondrai à ces réponses dans le même ordre. 1°. Je ne comprends point du tout comment la lune étant sur l'océan Atlantique, il se peut faire que les côtes d'Afrique et d'Amérique dirigées est, nord et sud, apportent de la résistance et du retardement à ses marées qui vont dans le même sens; 2° je comprends aussi peu comment la lune étant, non dans un *méridien opposé*, mais dans la partie opposée du même méridien, comme sans doute mon censeur a voulu le dire, il y ait encore dans notre océan Atlantique une marée retardée également d'un jour et demi, quoique les côtes d'Afrique et d'Amérique lui opposent alors une barrière insurmontable. Je crois cette objection très-forte, non-seulement pour ceux qui ont étudié les élémens de la *mécanique* qui n'y a aucun rapport, mais pour les plus grands docteurs en hydrostatique, comme l'a sûrement entendu le défenseur du système newtonien. La mécanique s'occupe principalement de la science des machines, et l'hydrostatique de l'équilibre des fluides. 3°. Sans doute on serait aussi bien fondé à demander pourquoi la lune, en soulevant les eaux de l'Océan, ne soulève pas celle d'un verre, lorsqu'on voit l'atmosphère peser à la fois sur l'Océan et sur le mercure d'un baromètre. Je pense que l'expérience que nous propose le citoyen H. S. est une plaisanterie ; en plaçant un de ces deux verres d'eau en Islande, il ne tarderait pas à y être gelé. Mais le canal et les deux vases qu'il demande existent dans une multitude de lieux. Plusieurs fleuves et les méditerranées ont leurs extrémités aussi éloignées, et la lune passe au milieu sans y produire ni flux ni reflux. Je crois à l'attraction générale de la lune sur la terre et réciproquement, mais non à son attraction partielle. Si elle l'exerçait sur quelque partie du globe, ce serait sans doute au sein de la zône torride ; non-seulement lorsqu'elle en traverse les méridiens, elle en attirerait les mers, mais les forêts de l'Éthiopie dresseraient tour à tour leurs rameaux et leurs feuillages, et les filles de l'Afrique, qui dansent à ses douces clartés, se sentiraient soulevées dans les airs.

Que dis-je? l'atmosphère elle-même, cet océan d'air plus léger, plus mobile, plus élastique, plus étendu que l'océan d'eau, obéirait aux mêmes lois : il aurait les mêmes marées dans le même temps, et nos baromètres, élevés et abaissés par leurs flux et reflux, les marqueraient deux fois par jour dans nos climats. On ne peut apporter aucune réponse à cette objection, et le citoyen H. S. s'est bien gardé d'en chercher.

Cependant, malgré mes preuves multipliées en faveur de ma théorie et mes objections insolubles contre celle des newtoniens, le citoyen H. S. ne veut pas que *mon imagination sorte de son domaine; c'est assez,* dit-il, *pour elle d'embellir les vérités morales;* comme si ces vérités dépendaient de l'imagination, et qu'elles n'eussent pas leurs bases immuables dans le cœur et dans la nature. Le citoyen H. S. est un héraut détaché du camp des astronomes pour me sommer de leur part de ne pas m'écarter de mon territoire. Comme Popilius avec sa baguette, il trace un cercle autour de moi. Il m'interdit à la fois le ciel et la mer. Il ne me laisse que le champ douloureux de la sensibilité où je peux, selon lui, exercer à mon aise mon empire, d'autant qu'il me fait entendre d'une manière fort polie pour moi, que je m'y promène à peu près seul. Il m'indique les scènes que je dois parcourir. Il voudrait que je représentasse un capitaine de vaisseau allant à la recherche des cent cinquante noirs qui avaient été abandonnés par un de ses collègues sur l'île de Sable à cent lieues au nord de l'Ile-de-France, employant pour se diriger vers ce rocher ces quarts de cercle, ces montres à longitude, *objets de mon mépris*. Il peint lui-même la joie de ce capitaine à la vue de ce rocher, inattentif au vent qui siffle dans les agrès, qui le *transit* lui-même......; ses transports en délivrant ses frères des horreurs du désespoir; et le citoyen H. S. trouve ce fait supposé plus probable que celui des noirs qui auraient pu, selon moi, porter des secours à La Peyrouse.

Il me permettra, d'abord, de lui répondre que cette esquisse manque d'exactitude; que l'île de Sable, suivant son nom même, n'est point un rocher; que le vent qui y souffle ne peut *transir* personne, attendu qu'il est chaud, parce que cette île de Sable, à cent lieues au nord de l'Ile-de-France, qui est près du tropique austral, est nécessairement au sein de la zône torride. Toutes ces négligences sont peu de chose, mais il y a de l'injustice à dire que les instrumens astronomiques sont des objets de mon mépris, parce que j'ai conseillé aux naufragés d'employer des moyens naturels. J'adore les sciences comme des émanations des lois de la nature, et j'aime les savans et leurs inventions, quoique les peuples civilisés en aient cruellement abusé. Jeune homme sans expérience, vous doutez que des noirs eussent été au secours de La Peyrouse; lisez, dans l'*Histoire des Voyages*, les services que ceux de l'île Saint-Jean rendirent à l'Anglais Roberts dans son naufrage, et voyez-y, dans cette même histoire, tous les capitaines de l'Europe n'allant avec leurs instrumens astronomiques à la recherche des noirs, que pour les réduire en esclavage.

Le citoyen H. S., après avoir fait un éloge excessif de mon style, et loué en moi, jusqu'à l'exagération, l'historien de *Paul et Virginie*, lorsque mon cœur s'ouvre à cette sensibilité à laquelle il m'invite, il y jette un trait empoisonné. Il finit sa diatribe par dire : *Je pourrais, sans trop m'écarter de mon sujet*, *ajouter quelques observations sur ce qu'on appelle justesse d'esprit, très-différente du talent, et n'habitant pas toujours avec lui.* Il me permettra de lui répondre que tout talent suppose toujours de la justesse d'esprit, parce qu'elle seule nous éclaire sur les moyens de succès. La justesse d'esprit, dans les lettres, donne toujours la justesse d'expression, de convenances, de proportion, etc., etc.; mais la jalousie et les autres passions nous la font perdre, parce qu'elles nous aveuglent. Pourquoi le citoyen H. S. fait-il entendre que j'ai l'esprit faux dans l'endroit même où il m'invite à chanter les louanges de Newton qui l'avait si juste? Un sarcasme au milieu d'une invitation amicale, est une perfidie. Je n'en crois point le citoyen H. S. capable; il faut que ce soit un *ultimatum* du général qui l'a poussé en avant, et qui, en effet, ressemble plus à Thersite qu'à Agamemnon.

Sans doute, j'ai pu m'égarer, mais si j'ai la tête faible, j'ai le cœur droit. Il me suffit, pour me ramener, de me faire voir mon erreur, mais, jusqu'ici, on n'a répondu à ma théorie que par des sophismes ou des injures; on a posé pour principe que le talent de peindre la nature, ôtait celui de la connaître. Je pense, au contraire, qu'il faut l'étudier dans ses effets, avant de remonter à ses causes. Les sculpteurs ont trouvé les usages des muscles, et leur ont donné des noms avant les anatomistes; les peintres de paysages, les lois de la perspective avant les opticiens; et les bergers de la Chaldée, les noms et les mouvemens des constellations avant les astronomes. Ne voyons-nous pas de nos jours le musicien Herschel, qui a perfectionné le télescope et l'astronomie, peut-être parce qu'il leur a appliqué les harmonies de la musique? Pour moi, j'ai étudié celles de la nature dans plusieurs parties du monde; mon expérience était sans doute bien bornée, mais j'ai lu une multitude de voyages de terre et de mer, et je me suis convaincu que l'Océan avait ses sources dans les glaciers des pôles, comme les grands fleuves les ont dans ceux des hautes montagnes.

J'invite donc, à mon tour, mon jeune critique à prendre pour devise celle de Newton même: *Nullius in verba;* a n'admettre comme certain, que ce qu'il conçoit évidemment; et à abjurer, en homme libre, l'autorité des

noms. Si j'avais voulu m'appuyer d'un pareil secours, j'en aurais trouvé dans les suffrages d'habiles marins, de membres même de la société royale de Londres, et, entre autres, d'un capitaine de vaisseau d'un nom célèbre dans la marine d'Angleterre, le comte de Bentink, qui m'a écrit, au milieu même de la guerre, qu'il regardait ma théorie des marées comme la seule véritable. Mais j'ai cherché mes raisons dans la nature, et ma conviction dans la conscience de mes lecteurs. Ceux qui ont des doutes, les trouveront résolus en grande partie dans l'avis du quatrième volume de mes *Études*, où j'ai recueilli la plupart de mes preuves. Ils y verront que Newton lui-même doutait de sa théorie des marées, que tant de gens affirment aujourd'hui sans la comprendre; ils y trouveront ces paroles remarquables tirées de la Philosophie de ce grand homme : « Il faut qu'il y ait
» encore quelque cause des marées, qui a été
» inconnue jusqu'ici.

Si j'ai quelques amis qui me rendent justice au loin, mes ennemis me persécutent impunément dans ma patrie. Ils ont fait publier depuis peu, à Paris, une contrefaçon in-8°

de mes *Études*, sous le titre de Bâle, où ils ont retranché en entier cet avis du quatrième volume, quoique fort étendu. Ils ont multiplié à l'infini, sous toutes sortes de formats, les contrefaçons de mes *Études*, tandis que mon édition in-12, de l'imprimerie de feu Didot jeune, mon beau-père, aisée à reconnaître par la beauté de ses caractères et par la pureté de son texte, reste, depuis plusieurs années, invendue, chez mes libraires. Croiriez-vous que *Paul et Virginie*, dont les astronomes font tant d'éloges qui ne coûtent rien à leur sensibilité, pour se dispenser de m'en donner qui coûteraient tant à leur amour-propre; cet ouvrage, Dieu merci, aimé des femmes, et dont j'ai fait faire en 1789 une petite édition in-18, en papier fin et vélin avec figures, afin qu'elles pussent le mettre dans leurs poches, m'est resté en très-grande partie? Il en est de même de la *Chaumière Indienne*, du même format, imprimé en 1791 : cependant les contrefaçons s'en vendent de toutes parts.

Je vous prie, citoyen, à cette occasion, de prévenir le public que la seule édition véritable de mes ouvrages ne se vend qu'à Paris, chez les citoyens libraires Debure, rue Serpente; Croullebois, rue des Mathurins; et Déterville, rue du Battoir; ou plutôt qu'elle ne s'y vend point, et que toutes les autres éditions, sans exception, qui ont tant de cours, sont ou mutilées ou altérées, et toutes volées au vrai propriétaire.

DE SAINT-PIERRE.

TABLE

DU TROISIEME VOLUME.

✻

Lettres 163. — A M. Hennin. — Ses regrets sur la mort de M. de Vergennes. L'Académie des sciences veut répondre aux Études. ... 1

164. — A M. Hennin. — Madame de Genlis lui fait obtenir une pension du duc d'Orléans. ... 5

165. — A M. Hennin. — Il est jardinier et éditeur d'une troisième édition des Études. ... 9

166. — A M. Hennin. — Il perd toutes ses gratifications. Il sollicite pour son frère. ... 13

167. — A M. Hennin. — Il travaille au quatrième volume des Études. ... 18

168. — A M. Hennin. — Son frère s'évade de l'Ile-Bouchard. ... 21

Lettres 169. — A M. Hennin. — Il publie le quatrième volume des Études. 24

170. — A M. Hennin. — Il fait vœu de n'aller à Versailles que pour remercier et non pour demander. 27

171. — A M. Hennin. — Course aux environs de Paris. 30

172. — A M. Hennin. — Nouvelles de son frère. 34

173. — A M. Hennin. — Il lui envoie Paul et Virginie. 38

174. — A M. Hennin. — Il écrit à M. Necker. 40

175. — A M. Hennin. — Le ministre lui fait une pension de 1200 fr., et 400 fr. à sa sœur. 43

176. — A M. Hennin. — Son frère se coupe le bras dans un accès de folie. 46

177. — A M. Hennin. — Envoi de la Chaumière indienne. 48

Lettre à son frère pendant sa détention à la Bastille. — Il lui donne des consolations et des espérances. Il l'engage à se livrer à l'étude, et à avoir confiance en Dieu. 49

Relation de ce qui s'est passé depuis mon départ de Varsovie (1764). 61

Correspondance avec sa première femme.

Lettres 1. — Projet d'étude. 87

Lettres 2. — Plan de bonheur dans une douce retraite. Il soumet ce plan à mademoiselle Didot. 89

3. — Conseils à mademoiselle Didot. 92

4. — Il veut vivre à la campagne. Éloge de la botanique. 95

5. — Voyage à Chantilly pour y recueillir les objets d'histoire naturelle. 98

6. — Description de Chantilly. 104

7. — Il souhaite qu'elle prenne le goût de la campagne. 106

8. — Comment il espère passer sa vie auprès de sa femme à la campagne. 109

9. — Il se félicite des sentimens de mademoiselle Didot. 112

10. — Description de sa campagne. Consolations à sa femme. 114

11. — Il invite sa femme à venir à la campagne. 118

12. — Détails de ménage. 121

13. — Ouverture de l'école Normale. 124

14. — Anecdote sur Didot Autan. 126

15. — Effet de la disette à Paris. 130

16. — Leçons de l'école Normale. 133

17. — Il tâche d'encourager les forces morales de sa femme. 136

18. — Effets de ses leçons à l'école Normale. 138

Lettres 19. — Il se chagrine de l'absence de sa femme. 142

20. — Affaires de famille. 145

21. — Maladie du père de sa femme. 148

22. — *Idem.* 150

23. — Consolations sur la mort du père de sa femme. 153

24. — Sur l'indulgence qu'on doit à ses ennemis. 155

25. — Les frères de sa femme s'éloignent de lui. 157

26. — Ses sollicitudes pour sa femme. 160

27. — Détails de ménage. 162

28. — Il se rapproche des frères de sa femme. 166

29. — Recommandations pour le régime de ses enfans. 168

30. — Sur le nom de Virginie qu'il entendait dans les promenades. 171

31. — Ses inquiétudes sur la maladie de sa femme. 175

LETTRES A MONSIEUR ROBIN.

Lettres 1. — Petit tableau de famille. 179

2. — Il lui parle de sa maison chargée d'hypothèques par les créanciers de M. Didot. 182

Lettres 3. — Il lit la Pluralité des mondes d'Hughens. 184

4. — Il loue son ami de sa philosophie. 186

5. — De Ducis, sur la fête d'Homère et
de Rousseau, célébrée chez M. Robin. 190

6. — Sur un voyage en Suisse de M. Robin. 193

7. — Éloge d'Herschel. 196

8. — Sur son mariage avec mademoiselle
de Pelleporc. 200

9. — Sur le procès de la succession Didot.
Projet de Rœderer à l'Institut. 204

10. — Banqueroute qui le ruine. 209

11. — Son incapacité pour les affaires. 211

12. — Visite à madame de Genlis. 215

13. — Il travaille à l'édition in-4° de Paul
et Virginie. 218

14. — Sa fille entre à Écouen. Il perd sa
sœur. 220

15. — Détails sur ses enfans. 223

16. — Le président des États-Unis envoie
un peintre pour faire le portrait de
M. de Saint-Pierre. 226

17. — Tableau de famille. 229

Lettres de B. de Saint-Pierre a sa seconde femme.

1. — Courte séparation. 235
2. — Tableau de famille. 238

Lettres 3. — Aventure d'Élisabeth. 242
4. — Projet de campagne. 246
5. — Prédiction qui répand l'épouvante dans Paris! 249
6. — Il se plaint de l'absence de sa femme. Détails sur son fils. 252
7. — Projet de campagne avec l'abbé Delille. 255
8. — Visite à Ducis. 259
9. — Séjour à Morfontaine. 262
10. — Maury se présente à l'Institut. 263
11. — Il va chez Joseph Buonaparte, et il y retrouve Louis Buonaparte. 265
12. — Dispute à l'Institut sur un mot du Dictionnaire. 268
13. — Anecdote sur Buonaparte. 271
14. — Projet d'aller à l'Opéra. 274
15. — Son affection pour sa femme. 277
16. — Éloge de Gauthey. 279
17. — Lubie de Dupont de Nemours. 285
18. — Sur sa basse-cour. 289
19. — Détails de ménage. 291
20. — Charmante comparaison de sa vie et de celle du scarabée. 294
21. — Son bonheur en recevant une lettre de sa femme. 297

| | TABLE. | 417 |

22. — Soirée chez M. Hue. 300
23. — Petite scène avec son fils. 303
24. — Détails sur son fils. 306

LETTRES DE DUCIS A BERNARDIN DE SAINT-PIERRE.

1. — Comment il se console. 311
2. — Il le félicite de son bonheur. 313
3. — Il lit la Vie des Pères du désert. 316
4. — Il évite les soucis de la présidence à l'Académie. 320
5. — Sur sa devise. 323
6. — Tableau de la famille de Bernardin de Saint-Pierre. 326
7. — Il tombe malade en lisant Job. 329
8. — Éloge de la retraite. 332
9. — Il vit de peu. 335
10. — Il retombe malade. 340
11. — Il se prépare à une édition de ses œuvres. 344
12. — Ses sentimens et ses goûts. 349
13. — Gérard achève son portrait. Sur la famille de Bernardin de Saint-Pierre. 354
14. — Il refuse une invitation. 361
15. — Une banqueroute lui emporte ses économies. 364

16. — Détails de ménage. Résignation religieuse. Dédicace de Hamlet. 367

17. — Tristes réflexions sur l'état de la société à cette époque. 372

18. — Douce peinture de son bonheur. 377

Lettre à M. *** sur les antiquités égyptiennes. 381

Réponse à mes amis et à mes ennemis. 393

FIN DE LA TABLE DU TROISIÈME VOLUME.

www.ingramcontent.com/pod-product-compliance
Lightning Source LLC
Chambersburg PA
CBHW051834230426
43671CB00008B/959